**LA GERIA** 6

Grasgrüne Reben in schwarzen Aschemulden, zigtausendfach: Die seltsamste Weinlandschaft der Welt fasziniert mit Kontrasten!

*Tipp: Fokussiert man mit dem Tele auf einige wenige Mulden, ergibt sich ein abstraktes Bild.*

➤ S. 79, Puerto del Carmen und die Mitte

**RUTA DE LOS VOLCANES** 7

Die Bustour durch die bizarre Landschaft des Nationalparks ähnelt einem Trip auf den Mond.

➤ S. 100, Nationalpark Timanfaya und der Süden

**CHARCO DE LOS CLICOS** 8

Wie aus einem Science-Fiction-Film: Giftgrün liegt die Meerwasserlagune in einem Vulkankrater.

*Tipp: Schieß dein Foto am besten von El Golfo aus – dort hast du von einer Anhöhe See, Meer und Vulkan im Bild.*

➤ S. 95, Nationalpark Timanfaya und der Süden

**PLAYAS DE PAPAGAYO** 9

Die „Papageienstrände" mit ihrer goldgelben Farbe sind die schönsten der Insel. (Foto)

➤ S. 93, Nationalpark Timanfaya und der Süden

**SALINAS DE JANUBIO** 10

Die Salzfelder bilden ein Riesenschachbrett, und die Salzblüte ist ihre Krönung.

*Tipp: Zum Sonnenuntergang erscheinen die Salinen als gigantische Glitzerscheiben.*

➤ S. 95, Nationalpark Timanfaya und der Süden

# INHALT

COSTA TEGUISE UND DER NORDEN
PUERTO DEL CARMEN UND DIE MITTE
ARRECIFE
NATIONALPARK TIMANFAYA UND DER SÜDEN

| | |
|---|---|
| Besuch planen | Essen/Trinken |
| €-€€€ Preiskategorien | Shoppen |
| (*) Kostenpflichtige Telefonnummer | Ausgehen |
| | Top-Strände |

(A2) Herausnehmbare Faltkarte
(0) Außerhalb des Faltkartenausschnitts

**BESSER PLANEN**
**MEHR ERLEBEN!**

**Digitale Extras**
**go.marcopolo.de/app/lan**

# DAS BESTE ZUERST

Feiner Sand, sanfte Wellen: Playa Papagayo – einer der Topstrände der Insel

# BEST OF BEI REGEN

## SCHÖN, AUCH WENN ES REGNET

### STARKE KONTRASTE

Kunst unterm Tonnengewölbe: In den dunklen Gängen des *Castillo de San José* kommen die farbintensiven Gemälde der klassischen Moderne wunderbar zur Geltung. Danach gibt's eine Erfrischung im Panoramarestaurant hoch über dem Hafen.

➤ S. 44, Arrecife

### AUGE IN AUGE MIT DEM HAI

Im großen Becken des *Lanzarote-Aquariums* in Costa Teguise drehen der 2 m lange Ammenhai Conan und ein 1,50 m großer Stechrochen ihre Runden – über den Besuchern. Harmlose Aquariumsbewohner sind Seegurken, Clownfische und Seespinnen.

➤ S. 52, Costa Teguise und der Norden

### HÖHLENLABYRINTH

Gib deiner Phantasie einen Kick und stell dir vor, wie es war, sich in der *Cueva de los Verdes* nicht vor Regen, sondern vor Piraten zu verstecken. Obendrein bekommst du einen Eindruck von der Kraft der fließenden Lava.

➤ S. 57, Costa Teguise und der Norden

### EINFACH MAL ABTAUCHEN

Wenn schon keine Sonne, dann eben komplett ins Nass: Im *U-Boot* erlebt man auf einer Tauchtour die unglaublichen Wasserwelten in 30 m Tiefe. Gestartet wird u. a. in Puerto Calero.

➤ S. 78, Puerto del Carmen und die Mitte

### WECHSELBAD DER GEFÜHLE

Mehrere Stunden brauchst du, um alle Stationen im römisch inspirierten *Bad im Hotel Costa Calero* in Puerto Calero „abzuarbeiten“: vom Musikpool bis zu verschiedenen Saunen und dem warmen Thalassobad mit Massage.

➤ S. 78, Puerto del Carmen und die Mitte

# BEST OF LOW-BUDGET

FÜR DEN KLEINEN GELDBEUTEL

**ALOE VERA PROBIEREN**
Auf der Plantage Lanzaloe werden *Gratis-Kostproben von Aloekuchen und -likör* serviert – Kaufzwang gibt es nicht. (Foto)
➤ S. 58, Costa Teguise und der Norden

**FÜR SCHWINDELFREIE**
César Manriques Landschaftskunstwerke kosten ordentlich Eintritt, etwa der Mirador del Río über der Meerenge zwischen Lanzarote und der Nachbarinsel La Graciosa. Ebenso spektakulär, aber gratis, ist der Ausblick vom *Mirador de Guinate*, den du obendrein fast immer für dich allein hast.
➤ S. 68, Costa Teguise und der Norden

**LEHRSTUNDE IN SACHEN VULKANISMUS**
Das *Besucherzentrum* des Nationalparks Timanfaya beeindruckt mit einer spannenden multimedialen Einführung in den weltweiten Vulkanismus.
➤ S. 100, Nationalpark Timanfaya und der Süden

**KUNST ANSCHAUEN**
Die *Casa de Cultura Agustín de la Hoz* in Arrecife stellt Kunst aus und ist selbst einen Blick wert: Der Patio gefällt mit skurril geschnitzter Freitreppe, und ein frühes Wandgemälde von César Manrique preist das Landleben – Eintritt frei!
➤ S. 42, Arrecife

**WANDERUNGEN MIT AUSSICHT UND EINBLICK**
Die Ranger des Nationalparks führen dich vom *Centro de Visitantes Mancha Blanca* auf Gratis-Wandertouren in die Feuerberge – zu Kratern, Tunneln und einem erstarrten Lavasee – und erläutern (auf Englisch), wie diese entstanden sind.
➤ S. 101, Nationalpark Timanfaya und der Süden

# BEST OF
## MIT KINDERN
### SPANNENDES FÜR GROSS & KLEIN

**BEI PIRATEN**

Schon der Anblick der Trutzburg von Teguise lässt an Ritter und Räuber denken. Und drinnen, im *Museo de la Piratería,* wird die Zeit der Piraterie lebendig.

➤ S. 62, Costa Teguise und der Norden

**VIECHER FÜTTERN**

In der *Granja las Pardelas* bei Órzola können Ziege, Hase, Pferd und Esel gestreichelt, letztere auch geritten werden. Anschließend wird getöpfert.

➤ S. 58, Costa Teguise und der Norden

**TIERE UND MEHR**

Papageien, Raubvögel und Seelöwen zeigen im *Rancho Texas Lanzarote Park* in Puerto del Carmen Kunststücke. Und im Siouxdorf bist du mittendrin im Western – mit Goldsuche und Cowboy-Nacht.

➤ S. 77, Puerto del Carmen und die Mitte

**AUF DEM WÜSTENSCHIFF**

Von der *Dromedarstation (Echadero de Los Camellos)* geht es auf dem Buckel der Tiere durch die Feuerberge.

➤ S. 99, Nationalpark Timanfaya und der Süden

**PLANSCHEN, RUTSCHEN, WASSERSPASS**

Wasserrutschen und -burgen, ein träger Fluss und künstliche Wellen – im *Aqualava Waterpark* von Playa Blanca tummeln sich Wasserratten.

➤ S. 91, Nationalpark Timanfaya und der Süden

**BOOTS-SPASS**

Eine Seefahrt finden auch Kinder lustig – sofern sie nicht zu lange dauert … Von Playa Blanca starten die unterschiedlichsten *Bootstouren*. Am spannendsten ist das Glasbodenboot mit Blick in die Meereswelt. Ahoi!

➤ S. 91, Nationalpark Timanfaya und der Süden

# BEST OF

## TYPISCH

DAS ERLEBST DU NUR HIER

### LAUSIGE RÖTE

Karmin im Lippenstift, Camparirot im Glas: stammt von einer Laus, die sich auf Lanzarotes Opuntienkakteen tummelt.

➤ S. 20

### SALZ VON MEER UND SONNE

Wie fad wäre die Welt ohne Salz … Meersalz wird in den *Salinas de Janubio* gewonnen, wo du es in der *Bodega de Janubio* auch preiswert kaufen kannst. Traditionsgerichte, gewürzt mit *flor de sal,* der zart-würzigen Salzblüte, kannst du im nahe gelegenen *Mirador Las Salinas Casa Domingo* genießen – herrlich zum Sonnenuntergang, wenn sich die Salzbecken in gigantische Glitzerscheiben verwandeln!

➤ S. 95, Nationalpark Timanfaya und der Süden

### NEUE ALTE TIMPLE-TÖNE

Die Timple kam mit den schwarzafrikanischen Sklaven, ihr Klang ist aus keinem Folksong der Insel wegzudenken. In Werkstätten wie der von *Antonio Lemes Hernández* wird das kleine Saiteninstrument in Handarbeit hergestellt. Im *Museo del Timple* nebenan tauchst du in seine Klangwelten ein.

➤ S. 63, 65, Costa Teguise und der Norden

### SCHÖNHEIT AUS DEM ERDINNEREN

Wenn du über Lanzarotes Lavastrand bummelst, findest du mit etwas Glück *Olivin*: einen grünlichen Halbedelstein, der geheimnisvoll leuchtet. (Foto)

➤ S. 31

### VOM LAVAGRILL

Der nach oben dringenden Erdwärme sei Dank: Fleisch wird auf dem Rost „von allein" knusprig und zart! Zu probieren im *El Diablo* im Nationalpark

➤ S. 101, Nationalpark Timanfaya und der Süden

# SO TICKT LANZAROTE

Plätze frei! Schaukelnd durch die Lavawüste im Nationalpark Timanfaya

# ENTDECKE LANZAROTE

Schroffe Felsen, feiner Sandstrand, Meer und Sonne – Urlaub perfekt!

**Schon beim Landeanflug stellt sich Science-Fiction-Stimmung ein: Da taucht aus dem stahlblauen Meer plötzlich dieses Gebilde aus kahlen, beigegrauen Hügelketten auf, aus schwarzen Lavafeldern und Kratern, eine Mondlandschaft, auf die schnell ziehende Wolken ihre Schatten werfen, gesäumt von der Gischt des anbrandenden Ozeans.**

## ERDINNERES NACH AUSSEN

Lanzarote ist anders als die übrigen Kanaren, wirkt wie eine unwirtliche Einöde. Schon vor gut 20 Mio. Jahren drängten riesige Mengen Basaltmagma durch die Bruchlinien der Erdkruste nach oben und ließen die beiden ältesten Inseln des Archipels, Fuerteventura und Lanzarote, entstehen. Seitdem sind die Kanaren nie völlig zur Ruhe gekommen, keine andere Insel wurde so heftig heimgesucht

**Ab 500 v. Chr.** Berber besiedeln Lanzarote

**1312** Der Genueser Lancelotto Malocello landet auf der Insel. Nach ihm wird Lanzarote später benannt

**Ab 1402** Der Normanne Jean de Béthencourt erobert Lanzarote für die kastilische Krone und unterwirft die Urbevölkerung

**1730–1736 und 1824** Vulkanausbrüche verwüsten Lanzarotes Süden. Viele Insulaner wandern nach Lateinamerika aus

**1852** Arrecife wird Hauptstadt

wie Lanzarote. Mehr als 20 Prozent des 795 km² großen Eilands wurden bis 1736 verschüttet, Lava und Asche gaben diesem Teil der Insel eine neue Gestalt.

### SCHWARZ-WEISS-GRÜN-SCHEMA

Aber gerade das Karge ist es, was Lanzarote so einzigartig macht: Das vulkanische Herz der Insel ist ein unvergleichliches Naturerlebnis und ein unverwechselbares Merkmal der Insel, ebenso wie die hübschen Dörfer mit ihren weißen Fassaden und grünen Fenstern und Türen. Dass die meisten Siedlungen weiterhin in den klassischen Farben erstrahlen, ist Lanzarotes bekanntestem Sohn zu verdanken: César Manrique. Auf keiner anderen Insel des Archipels sind so viele (Landschafts-)Kunstwerke des großen Malers, Bildhauers und Architekten zu finden wie auf dem Eiland des vulkanischen Feuers.

### STRAND SATT

Natürlich musst du nicht die ganze Zeit Kultur tanken, auch wenn diese auf Lanzarote spektakulär ist. Die Alternative heißt: Vamos a la Playa! Schwimmen, schnorcheln, unter Palmen relaxen – und dies das ganze Jahr! Die drei großen Ferienorte – Costa Teguise, Puerto del Carmen und Playa Blanca – haben gute, teilweise durch Wellenbrecher geschützte Strände, weiß, weich und puderfein. Oder doch lieber Action? Kein Problem! Du kannst tauchen, surfen oder das Wasser mit einem Jetski durchpflügen. Eine gut eingespielte Wassersportszene bietet Ausrüstung und Schulung. Weniger Sportive steigen ins Boot und lassen

**1936** Der Putsch von General Franco löst einen 3-jährigen Bürgerkrieg aus

**1975** Nach dem Tod Francos wird Spanien eine Demokratie. Der Tourismus boomt

**1986** Spanien wird EG-Mitglied

**1993** Die Insel wird Unesco-Biosphärenreservat

**2010–17** Die globale Finanz- und Wirtschaftskrise trifft Spanien hart – die Kanaren erholen sich dank des Tourismus

**2020** Bauboom zu Ende? Von wegen! XXL-Hotels entstehen

Lanzarotes Küsten an sich vorbeiziehen. Die ganzjährig milden Temperaturen animieren natürlich auch zu Outdoor-Aktivitäten fernab vom Wasser. Rennradfahrer lieben Lanzarote, weil die Insel relativ flach und dabei abwechslungsreich ist. Und erstaunlich viele Wanderer zieht es in die Vulkanberge – es scheint sie nicht zu stören, dass so wenig Grünes zu sehen ist.

INSIDER-TIPP
**Wandern wie auf dem Mond**

Übrigens ist das milde Klima dem Nordostpassat zu verdanken, der den anderen Inseln des Archipels auch den Regen beschert. Pech für Lanzarote: Gerade mal 671 m misst der höchste Berg, der Peñas del Chache im nördlichen Gebirge Risco de Famara – zu niedrig, um die Wolken so richtig zum Abregnen zu bewegen. Doch immerhin mildern die Wolken, die sich an den Bergen zu dichten Bänken stauen können, die Hitze ebenso wie der Kanarenstrom, ein kühlerer Rückstrom des Golfstromsystems.

## AFRIKANISCHE WURZELN

Über die Urbevölkerung, die Majos, weiß man nicht viel. Sie kamen wohl etwa ab dem 5. Jh. v. Chr. aus Nordafrika und entstammten Berbervölkern. Auf Lanzarote lebten sie vom Fischfang und vom Anbau von Getreide, das in primitiven Mühlen zu *gofio* verarbeitet wurde, außerdem betrieben sie Schaf- und Ziegenzucht. Heute gibt es keinen Zweifel, dass sich die Lanzaroteños von Landwirtschaft und Fischfang allein nicht mehr ernähren können.

## FAST ALLE LEBEN VOM TOURISMUS

So leben die meisten der 142 000 Einwohner von den jährlich 2 Mio. Gästen, die auf Lanzarote ihren Urlaub verbringen. Viele arbeiten als Rezeptionistin oder Koch, Portier oder Putzkraft, Gärtner oder Reiseführer – oft als Saisonkraft unter prekären Bedingungen. Für die Insel selbst sind die steigenden Touristenzahlen nicht leicht zu verkraften. Längst haben Meerwasserentsalzungsanlagen die leer geschöpften Brunnen ersetzt und sorgen für Trinkwasser, das allerdings mit erheblichem Energieaufwand gewonnen und weitertransportiert werden muss. Windkraftanlagen recken sich in den Himmel, Asphaltbänder schneiden durch die Lavafelder. Aus dem kleinen Fischerdorf Playa Blanca wurde binnen weniger Jahre ein Mega-Ferienresort; Feriensiedlungen für wohlhabende Mitteleuropäer schossen wie Pilze aus dem Boden.
Doch in kleinen Nischen, in Dörfern fernab der Ferienzentren, spürt man noch, dass Lanzarote mehr als alle anderen Kanaren eigentlich ein Ort der Enthaltsamkeit, Muße und Stille ist. Dies drückt sich auch in den Gesichtern der älteren Landbevölkerung aus: des Bauern, der mit dem Eselspflug stoisch den Staub umgräbt; der Bäuerin, die endlose Feigenkaktusreihen aberntet; der alten Männer, die auf der Dorfplaza sitzen und den Tag vorüberziehen lassen. Das Lanzarote von einst lebt nur noch hier fort, und nur dem, der es mit offenen Augen und Ohren sucht und dabei auch einmal innehält, offenbart die Insel ihren ganzen Zauber.

# AUF EINEN BLICK

**141.000**
Inselbewohner

Bonn: 140.000

**SCHMALSTE STELLE**

20 km

**326 km**
Küstenlänge

Festland-Küstenlänge an der Ostsee: 328 km

**846 km²**
Fläche

Berlin: 891 km²

**HÖCHSTER BERG: PEÑAS DEL CHACHE**
**671 M**

Gipfel leider nicht zugänglich – militärischer Sperrbezirk

**JUNGE VULKANE BEDECKEN**
**172 KM²**
**DER INSEL**

**BELIEBTESTER REISEMONAT**
**DEZEMBER**

**CA. 20 PFLANZEN SIND INSEL-UREINWOHNER**

Es gibt sie nur hier und nirgends sonst auf der Welt

**ARRECIFE**

Hauptstadt mit 56.000 Einwohnern

**ÜBER 3.000 EURO** kostet ein Lanzarote-Kamel, genauer: ein Dromedar

**HÖCHSTES HAUS**
Gran Hotel Arrecife mit 17 Stockwerken

# LANZAROTE VERSTEHEN

## TOURISTENSCHAUKEL

Es ist schon ein faszinierendes Bild, wenn man die lange Karawane an den Aschebergen im Nationalpark Timanfaya entlangziehen sieht. Die Dromedare Lanzarotes gehören zu den großen Touristenattraktionen. Wohl schon mit den ersten Europäern kamen die einhöckrigen Asketen auf die Insel. Als ideale Arbeitstiere – sie kommen, wenn nötig, wochenlang ohne Wasser aus und schleppen klaglos schwerste Lasten – wurden sie auf dem Feld, zum Warentransport, zum Betrieb der Gofiomühlen und als Reittiere eingesetzt. Mit der Einführung von Maschinen auf der Insel schien die Karriere der genügsamen vierbeinigen Helfer beendet. Doch es war der Tourismus, durch den die Dromedare eine echte Renaissance erlebten. Heute lassen sich täglich Hunderte von Urlaubern in Sätteln an den Seiten des Höckers gemächlich durch die Feuerberge schaukeln. Beim Ort Uga werden Dromedare auch gezüchtet. Nachmittags kann man zwischen 15 und 16 Uhr die Karawane vom Nationalpark Richtung Uga nach Hause ziehen sehen – ein toller Anblick!

## KONFLIKTSCHEUE KARNICKEL

Auf keinen Fall wollen die Insulaner mit ihren Brüdern und Schwestern vom spanischen Festland in einen Topf geworfen werden. „Wir sind Kanarier", sagen sie jedem, der es hören will. „Wir sprechen, fühlen und verhalten uns anders als sie!" Diese Einschätzung beruht durchaus auf Gegenseitigkeit. Die Festland-Spanier stimmen dem nicht nur zu, sondern schreiben den Bewohnern der fernen kanarischen Inseln auch wenig schmeichelhafte Eigenschaften zu: Sie seien *aplatanados*, also weich wie Bananen *(plátano* = Banane*)*, konturlos und konfliktscheu. Die Canarios sind tatsächlich ein ziemlich eigener Schlag: ein in vielen Jahrhunderten entstandener Mix aus berberischen Ureinwohnern und spanischen Konquistadoren, portugiesischen Siedlern und afrikanischen Sklaven. Wie der Archipel als Ganzes seine Andersartigkeit unterstreicht, so pflegen die Bewohner einer jeden Insel noch ihre jeweilige Besonderheit.

Natürlich gehören dazu auch Spitznamen: So nennen sich die Lanzaroteños selbst *conejeros*, was so viel heißt wie „die von der Karnickelinsel". Der Name geht auf jene Epoche zurück, als die frisch gebackenen spanischen Inselbesitzer Kaninchen auf der Wüsteninsel aussetzten, um ihrer Jagdlust zu frönen. Wildkaninchen gibt es zwar längst nicht mehr, doch der Spitzname ist geblieben. Und er wird ganz selbstbewusst verwendet: Ob Bodegas, Restaurants oder Autoverleihfirmen – sie alle führen gern *„Los Conejeros"* (sprich: „Konecheros") im Namen.

## HUNDERTPROZENTIG SAUBER

Besser spät als nie: Auch auf den Kanaren wird aktiv Naturschutz betrie-

Umweltfreundlich unterwegs auf La Graciosa

ben. Die kleine Insel La Graciosa vor der Nordküste Lanzarotes hat viel Sonne, Wind und (Meer-)Wasser ohne Ende. Was liegt da näher, als dass sie anpeilt, ihren gesamten Strom- und Wasserbedarf durch erneuerbare Quellen zu decken? *Microred La Graciosa* heißt das Projekt, das mit EU-Hilfe den 500 Insulanern ein energetisch autarkes Leben ermöglichen soll *(www.lagraciosadigitalocho.blogspot.com)*.

## EXTREM ANGEPASST

Nur auf den ersten Blick wirkt Lanzarote leblos. Doch wer genau hinschaut, entdeckt Tausende Wildpflanzen, von denen viele nur auf den Kanaren vorkommen. Dazu gehören der im Frühjahr weiß blühende *tajinaste* (Natternkopf), die lavendelähnlich duftende *retama*, süße und bittere *tabaiba,* gedrungene Büsche, die mit wurstigen, wasserspeichernden Zweigen sengender Sonne und Starkwind trotzen. Hunderte Flechtenarten überwuchern die Lava und zersetzen sie in Jahrtausende dauernden Prozessen. Der *cardón* ist die bekannteste Pflanze der zahlreichen Wolfsmilchgewächse. Wie mehrarmige Kerzenleuchter ragen seine dornenstarrenden Säulen in den Himmel. Die Kanarische Dattelpalme, deren weit ausladendes Blattwerk und orangefarbenen Früchte dem Tal um Haría sein afrikanisches Ambiente verleihen, gedeiht ebenfalls nur auf den Kanaren.

Am fremdartigsten aber ist der *drago,* der Drachenbaum, der auf Lanzarote nur in Gärten wächst. Den Altkanariern war der Drachenbaum mit seiner

Ziemlich lausige Wolle: Das Blut von Cochenilleläusen färbt sie tiefrot

schuppigen Rinde, den bizarren Ästen mit Büscheln säbelartiger Blätter und einem Schweif kirschgroßer Früchte wegen seines Harzes heilig. Das sogenannte Drachenblut, das sich an der Luft dunkelrot färbt, verwendeten sie schon in grauer Vorzeit bei der Zubereitung von Heiltränken und Salben.

## LAUSIG!

Fast jeder hält es zuerst für einen schlechten Scherz: Das knallige Rot des leckeren Campari sei Läuseblut. Doch das Unglaubliche ist wahr, und auf Lanzarote kannst du dich davon überzeugen. Auf Dutzenden von Hektar Ödland gedeiht zwischen Guatiza und Mala der Feigenkaktus. Diese Opuntie, ursprünglich aus Mexiko, ist die Lieblingsnahrung der Cochenillelaus. Und die wenige Millimeter große Schildlaus – kaum größer als ein Streichholzkopf – liefert ein tiefes Karminrot.

Die Läuse werden auf den Kaktusblättern ausgesetzt, ernähren sich vom Pflanzensaft und vermehren sich fleißig. Sie sondern eine weiße, puddig-weiche Substanz aus, die auf den Kaktusblättern deutlich zu sehen ist. Alle zwei bis drei Monate werden die Läuse in Handarbeit mit Spachteln von den dornigen Opuntien abgeschabt. Nach ihrer Reinigung werden sie in Heißwasser getötet, dann getrocknet und zermahlen. Für ein Kilo Farbe lassen Millionen von Schildläusen ihr Leben.

Anfangs schien die Zukunft der Cochenillezucht rosig, doch schon eine Generation später war mit der Entdeckung der billigen synthetischen Anilinfarben das große Geschäft vorbei. Das natürliche Cochenillerot wird heute für einige Lebensmittel (Süßwaren, Liköre), Kosmetika und Medikamente verwendet. Produkte mit Cochenille, z. B. Seifen, Badeessenzen und Peelingmasken, kannst du in Punta Mujeres im *Aloe Vera House (Mo–Sa 10–18, So 10–17 Uhr | C/ Jameos del Agua 2 | www.aloepluslanzarote.com)* erwerben.

Seit 2016 darf sich *„Cochinilla de Canarias"* mit dem EU-Siegel „geschützte Herkunftsbezeichnung" schmücken. Damit wird die Einzigartigkeit unterstrichen: Die Lausart, seine Kaktus-Wirtspflanze und die natürliche Herstellung sind einmalig in Europa.

## WEHTUN VERBOTEN!

Die *lucha canaria,* den kanarischen Ringkampf, gab es schon zur Zeit der Altkanarier. Der Sport wird nur auf den Inseln des Archipels betrieben und ist auch heute noch sehr beliebt. In einem Kreis mit 12 m Durchmesser, der mit Sägespänen oder Sand bedeckt ist, treten die zwölf Kämpfer zweier Teams paarweise gegeneinander an.

In der Ausgangsposition – vornübergebeugt einander zugewandt und das aufgekrempelte Hosenbein des Gegners mit der linken Hand im Griff – beginnt der maximal drei Minuten dauernde Kampf. Mit verschiedenen Ringergriffen versuchen die *luchadores* ihren Gegner zu Boden zu werfen. Dafür ist nicht nur Kraft, sondern auch Technik und Schnelligkeit ausschlaggebend. Es gibt keine Gewichtsklassen. Und so kann es vorkommen, dass ein 55 kg schwerer Hänfling gegen einen Zweieinhalb-Zentner-Koloss antritt und diesen mit raffinierten Tricks

# KLISCHEE KISTE

### NUR SCHWARZE STRÄNDE!

Wo alles aus Feuer geboren ist, sind auch die Lavastrände dunkel. Denkste! Denn auch das Meer hat ein Wörtchen mitzureden – es erschuf puderweiße Strandschönheiten aus Meerestierskeletten, die die Brandung zu feinstem Sand zerrieben hat. So die Playas de Papagayo, die Playas von Puerto del Carmen und Órzola. Nicht alle Strände sind also dunkel …

### GEFÄHRLICHE VULKANE

Ein letztes Mal brach auf Lanzarote 1824 die Erde auf, weiter westlich auf El Hierro 2011. Die Ausbrüche waren so freundlich, sich vorher durch Erdbeben anzukündigen. Vulkaneruptionen seien wieder möglich, sagen Geologen. Aber wann wissen sie nicht: in 1000, 100 oder in zwei Jahren? So messen sie – für eine rechtzeitige Evakuierung – die kleinste Erderschütterung.

### DIE ESSEN SO SPÄT, DIE SPANIER!

Wenn wir in Deutschland zu Abend essen, ist auf Lanzarote bestenfalls eine *merienda* fällig, ein Snack. Das richtige Dinner kommt meist erst gegen 22 Uhr auf den Tisch. Danach ein Verdauungsspaziergang und ab in die Heia! Es sei denn, es ist Wochenende … Dann wird die Nacht zum Tag!

zu Boden schickt. Auch Frauen sind mit von der Partie. Wer seinen Gegner in maximal drei Kämpfen zweimal bezwingt, gewinnt einen Punkt, der andere scheidet aus. Die Mannschaft, die am Schluss noch Kämpfer auf der Bank hat, gewinnt den Wettbewerb.

Falls du Lust hast, einen der Kämpfe und die Stimmung im Publikum zu erleben, kannst du die Arenen *(terrero de lucha)* in Tinajo, Uga, Yaiza, Playa Blanca und Tahiche besuchen. Meist finden die Kämpfe am Wochenende statt – Termine erfährst du in der Touristeninformation und auf der Website: *www.federaciondeluchacanaria delanzarote.com.*

## TAUSENDSASSA

Was konnte er eigentlich nicht, der 1919 in Arrecife geborene César Manrique? Maler, Bildhauer, Architekt, Designer, Autor, Umweltschützer – César Manrique hatte auf vielen unterschiedlichen Themenfeldern Erfolg und wurde so der berühmteste Sohn Lanzarotes.

Nach ersten Ausstellungen gegenständlicher Bilder zieht es ihn 1945 nach Madrid, in der spanischen Hauptstadt entdeckt er die abstrakte Malerei für sich und wird rasch bekannt. Ab 1965 folgen drei Jahre USA-Aufenthalt. Als sich 1968 der Tourismus auf Lanzarote ankündigt, kehrt Manrique zurück, um sich künstlerisch am Aufbruch seiner Heimat in die Moderne zu beteiligen. Fasziniert von der Inselnatur, will er ihre Schönheit mit möglichst wenig Eingriffen ins rechte Licht rücken. Heute würde man ihn einen Minimalisten nennen, aber einen, dem alles Eckige und Kühle fremd war. Er setzte eher auf organische Formen und „warme" Naturmaterialien wie Vulkanstein und Holz. So verwandelte Manrique Lavatunnel und Grotten in atemberaubend schöne Traumgebilde, errichtete Monumente und Windspiele. Fast alles, was auf Lanzarote künstlerisch inspiriert ist, stammt von ihm, und die Eintrittsgelder füllen bis heute das Säckel der Inselregierung.

Doch der Künstler war auch ein Kämpfer: Betonexzesse auf anderen Kanareninseln ließen ihn immer heftiger gegen die Bauwut zu Felde ziehen. Vehement stritt er dafür, durch Förderung der traditionellen Architektur das Bild seiner Heimat zu erhalten. Gegen alle Widerstände setzte er strikte Auflagen durch, entwarf aber auch selbst Bungalowanlagen und baute Hotels um.

Am 25. September 1992 stirbt Manrique in der Nähe seines Wohnhauses bei Tahiche bei einem Autounfall. Doch die nach ihm benannte Stiftung, die *Fundación César Manrique (www.fcmanrique.org)* sorgt dafür, dass seine „kritische Stimme" weiterhin gehört wird. Ausstellungen und Workshops beschäftigen sich mit einem weiten Themenspektrum von Kunst und Architektur über Globalisierung und Immigration bis zu Umwelt- und Naturschutz. In Manriques Wohnhäusern in Tahiche und Haría unterhält die Stiftung zwei Museen, die allein schon aufgrund ihrer Architektur interessant sind; v. a. das in Vulkanblasen integrierte Anwesen in Tahiche (s. S. 54).

## DURSTLÖSCHER

Überall Vulkane, Asche- und Sandebenen, dafür kaum Regen und Grundwasser. Aber wer stillt den Durst der Hotelgärten, der Golfplätze und Weinfelder, der 140 000 Bewohner und gut 2 Mio. Besucher? Wasser ist das kostbarste und knappste Gut Lanzarotes. Früher schöpften die Menschen ihr Trinkwasser aus Brunnen, leiteten es aus den Famara-Bergen in langen Stollensystemen *(galerías)* zu ihren Siedlungen oder sammelten Regenwasser in Zisternen. Das größte dieser unterirdischen Auffangbecken, die *gran mareta,* befand sich in Teguise. Alles änderte sich in den frühen 1960er-Jahren, als auf Lanzarote der Pflug noch vom Dromedar gezogen wurde und die Bauern Mini-Ernten einholten. Eines Tages hatte Manuel Díaz Rijo, Leiter der Bodega Mozaga, eine kühne Idee. Als Marineingenieur hatte er die Entsalzung von Meerwasser erprobt, damit Schiffsbesatzungen von Süßwasser unabhängig würden. Nun fragte er sich: War nicht auch die Insel eine Art Schiff, das im Atlantik vor Anker lag? Und er entwarf die erste Meerwasserentsalzungsanlage auf Lanzarote – 1965 wurde sie in Betrieb genommen. Fortan waren Dürreperioden nicht mehr lebensbedrohlich.

Mittlerweile arbeiten neue Meerwasserentsalzungsanlagen nach dem ressourcenschonenden Osmoseverfahren, womit dem Meer das Salz auf rein mechanische Weise entzogen wird. Außerdem recyceln Kläranlagen das gebrauchte Wasser, und alle großen Hotels müssen eine eigene Meerwasserentsalzungsanlage haben.

Was verbirgt sich hinter der Graffitimauer? César Manriques Vulkanhaus in Tahiche

# ESSEN SHOPPEN SPORT

Herrlich bunt und oft auch mal kurios: Shoppen auf Märkten und Märktchen

# ESSEN & TRINKEN

**Oft hört man den Vorwurf, der kanarischen Küche fehle es an Finesse. Dabei haben gerade der Erfindungsreichtum und die Fähigkeit, aus fast nichts ein leckeres Essen zu zaubern, den Speisezettel der Insulaner geprägt. Denn wer wollte Lanzarotes traditionelles Handicap schon leugnen? Trockene Böden, sengende Sonne – stets ging es darum, der Erde Nahrung abzutrotzen. Die kanarische Küche wurde aus Armut geboren.**

## URALTE ALLROUNDER

Lanzarotes Ureinwohner ernährten sich hauptsächlich von *gofio*, dem Mehl aus gerösteter Gerste oder Mais. Die Körner wurden zerstampft und später in Windmühlen gemahlen. Unbegrenzt lagerfähig und universell verwendbar war das beigefarbene oder hellbraune Pulver, proteinreich und sättigend. Keine Küchenecke, in der nicht ein Sack *gofio* lehnte, aus dem die Inselbewohner eine breite Palette an Speisen zauberten: gebacken als Brot, verrührt in Suppen und Getränken, zu Fisch, Fleisch, Kartoffeln, mit Honig und Mandeln als Nachtisch – das tägliche Leben ohne *gofio* war undenkbar. Und er wird noch immer hergestellt, wenn auch heute aus Weizen oder Mais.

## SUPP-KULTUR

Als Alltagsgerichte haben sich auch Suppen und Eintöpfe gut gehalten. Ein *potaje,* jene famose Gemüsesuppe, in der alles essbare Grünzeug der Saison verrührt wird, findet sich in jedem Lokal, das Hausmannskost reicht. Deftiger geht es bei *puchero* und *rancho canario* zu. In die dicken Eintöpfe kommen Fleisch von Huhn, Rind und Schwein. Nicht zu vergessen auch die *ropa vieja,* die „alte Wäsche". Die Bezeichnung weist liebenswürdig, aber

Frisch aus dem Meer: Calamares (li.); schmeckt bestimmt auch dir: Bien me sabe (re.)

deutlich auf den Ursprung dieser rustikalen Leckerei hin: die Essensreste der Woche. Es wurde eben nichts verschwendet. Auch die Einflüsse der Welten, deren Drehkreuz der kanarische Archipel einst war, sind noch in der *cocina canaria* spürbar: Yams aus Afrika, Süßkartoffeln aus Südamerika und Safran aus der Mancha finden sich in den Gerichten wieder.

## FLEISCH, FISCH UND PAPAS

Fleisch und Fisch gab es früher nur zu besonderen Anlässen. Jede Ziege war wertvoll, denn sie lieferte schließlich Milch. Auch hatten die spanischen Siedler unter der kanarischen Sonne Probleme mit der Haltbarkeit des Fleischs. Also legte man seine Beute in Meersalz ein und dachte sich scharfe *adobos* aus, würzige Beizen, in denen Fisch und Fleisch nicht verdarben. Diese typisch kanarischen Saucen aus Öl, Essig, Lorbeer, Kräutern und Knoblauch sind noch heute das Tüpfelchen auf dem i der Inselküche. Übrigens veredelt das in den Salinas de Janubio geerntete Meersalz fast jedes Gericht!

**INSIDER-TIPP**
**Salzblüte sorgt für Piff**

Vor den Küsten wirft die kleine, aber agile Fischereiflotte Lanzarotes ihre Netze aus, um *cherne, bocinegro* und *vieja* aus dem Meer zu holen, allesamt kanarische Spezies, die täglich tropffrisch in den Küchen landen. Auch Thunfisch und Sardinen sind zu empfehlen. Meist gibt es sie schlicht *a la plancha*, auf einer heißen Metallplatte gebrutzelt. Gleiches gilt für die Meeresfrüchte. *Choco* (Tintenfisch) und *pulpo* (Krake) sind kleine Gerichte, die man, mit frischem Weißbrot, gern mal zwischendurch isst. Zu Fisch und Fleisch werden *papas arrugadas* und *mojo,* Runzelkartoffeln mit pikanter Sauce , gereicht. Dabei handelt es sich um in Salzlake gekochte Kartoffeln,

Unbedingt mal kosten: Wein von der Insel

die mit ihrer schrumpeligen Schale verzehrt werden. Zum Fleisch gibt's *mojo rojo*, „rote Sauce" aus Chilischoten, Öl, Knoblauch, Essig und Salz; zu Fisch passt *mojo verde*, eine „grüne Soße", bei der statt Chili viel Korianderkraut verwendet wird.

## FÜR ZWISCHENDURCH: TAPAS

Die beliebten *tapas* entstammen der Küche des spanischen Festlands. Diese Imbisshappen haben sich vor allem in einfachen Bars und Cafeterias durchgesetzt, wo die Lanzaroteños frühstücken und zu Mittag essen. Morgens reicht ein *café solo* oder *cortado,* ein aromatischer kleiner schwarzer Kaffee ohne oder mit Milch, dazu ein *bocadillo* (großes belegtes Brötchen). Mittags ab 13 Uhr sitzen sie dann an der Theke bei der Tapasvitrine und verputzen ein Schälchen *albóndigas* (Frikadellen in Sauce), *boquerones* (Sardellen), die frittiert oder *en vinagre* (in Essig) gegessen werden, und andere kleine Leckereien. Abends widmen sich die Lanzaroteños ihrer Familie. Das Abendessen im Kreise der Lieben beginnt erst gegen 22 Uhr: Tapas kommen auf den Tisch, Salat und Weißbrot, gelegentlich auch Fisch oder *potaje*.

## VULKANTROPFEN UND BIER

Am Wochenende gibt man sich spendabel, geht nach einem Strandtag ins Restaurant, leistet sich einen Nachtisch oder gar eine Flasche Wein. Lanzarote ist – gleich nach Teneriffa – der größte Weinproduzent des kanarischen Archipels. Seit in den letzten Jahren viele Familienkellereien modernisiert wurden und neue Bodegas eröffneten, hat die Qualität des Weins enorm zugenommen – öfters räumen die Tropfen sogar internationale Preise ab. Entlang der Weinstraße in La Geria bieten viele Bodegas ihre Weine zur Verkostung an; an Rundgängen durch die Kellereien kannst du ebenfalls teilnehmen. Übrigens stehen auch die Lanzaroteños auf Bier, zu den kanarischen Sorten *Dorada* und *Tropical* von den Nachbarinseln gesellen sich gute naturtrübe Biere aus Lanzarote, z. B. die Marken *Nao* und *Cervezas Malpaís*. Auch eine große Flasche Mineralwasser von Gran Canaria oder Teneriffa darf zum Essen nicht fehlen. Runde den Abend am besten mit einem erdigen Inselwein aus La Geria und einem *carajillo* ab, dem starken Espresso mit einem Schuss Brandy.

## Unsere Empfehlung heute

### Vorspeisen

**CALDO DE PESCADO**
Fischsuppe mit Kartoffeln und Kräutern

**GAMBAS AL AJILLO**
Garnelen in brutzelndem Olivenöl mit Knoblauch und Chili

**RANCHO CANARIO**
Eintopf aus Kichererbsen, Nudeln, Fleisch, Paprikawurst

### Hauptgerichte

**CHERNE AL CILANTRO**
Kanarische Goldbrasse in Koriandersauce

**SANCOCHO CANARIO**
Gekochter, in Salz eingelegter Fisch mit Gemüse und Süßkartoffeln

**CONEJO AL SALMOREJO**
Gebeiztes Kaninchen

**CARNE DE CABRA EN ADOBO**
Ziegenfleisch in pikanter Sauce

### Beilagen

**MOJO ROJO**
Scharfe, rote Sauce aus Chilischoten, Öl, Knoblauch, Essig und Salz

**MOJO VERDE**
Grüne Sauce mit frischem Koriander

**PAPAS ARRUGADAS**
„Runzelkartoffeln" (mit roter und grüner *mojo*)

**PATATAS FRITAS**
Pommes frites

**GOFIO ESCALDADO**
Geröstetes Getreidemehl, mit Fischbrühe zu Brei angedickt

### Desserts

**LECHE ASADA**
Puddingartige „gebratene Milch" aus Eiern, Limonenschale, Zimt und Zucker

**BIENMESABE**
Goldbraunes Mus aus Honig, Mandelsplittern, Eigelb und Zitrone, übersetzt: „schmeckt mir gut"

**FLAN CASERO**
Hausgemachter Karamellpudding

# SHOPPEN & STÖBERN

## KAUF DICH GLÜCKLICH!

Ein Fest fürs Auge sind die Märkte auf Lanzarote, allen voran der Sonntagsmarkt von Teguise. Ein ganzes Städtchen verwandelt sich dann in einen Basar voll Kuriosem und Kitschigem, Kunsthandwerklichem und Kulinarischem. Meist ist es der Produzent selbst, der seine Ware anbietet: der ältere Señor, der handgemachte Flechtkörbe anpreist, ebenso wie der Alt-Hippie mit seinem Lavaschmuck. Und weil der Markt in Teguise so erfolgreich ist, entstanden auf der Insel weitere *mercadillos* (kleine Märkte): in Costa Teguise am Freitagabend, in Arrecife, Haría und Playa Blanca am Samstagvormittag.

## SCHNÄPPCHEN!

Die Einheimischen kaufen am liebsten in Arrecifes Vorort Playa Honda ein, wo sich an der LZ 2 Großmärkte und Outletstores aneinanderreihen; keine schönen Einkaufstempel, sondern eher funktionale Hallen. Hier findest du vieles von dem, was du von zu Hause kennst – aber viel günstiger!

## DURCH DEN MAGEN

Wein bekommst du in allen Supermärkten, am besten jedoch direkt in der Bodega. Er ist allerdings nicht lange lagerfähig. Originell als Mitbringsel ist auch Meersalz aus der Saline von Janubio, das in kleinen Tüten dekorativ verpackt wird. Die beste Qualität hat die oberste Salzschicht, Salzblüte *(Flor de Sal)* genannt. Ziegenkäse ist ebenso eine Delikatesse wie die pikanten *mojos,* die in Einmachgläsern verkauft werden. In Gläsern angeboten wird auch der Nachtisch *bienmesabe.* Diese Souvenirs bekommst du in den Supermärkten, ebenso wie *ron con miel.* Der Honigrum ist eine weitere kanarische Spezialität und kommt meist von der Nachbarinsel Gran Canaria.

Einfach losbummeln: Sonntagsmarkt in Teguise (li.); typisch: Bilder aus Keramik (re.)

## TONZEUG

Keramikgefäße werden auf traditionelle Weise ohne Töpferscheibe aus zu Würsten geknetetem Ton gefertigt. Diese schichtet der Künstler übereinander, verstreicht sie und glättet die Unebenheiten mit einem scharfen Stein. Das natürliche Umbra oder Rostrot der Schalen und Krüge wird nicht bemalt, wirkt archaisch und kraftvoll. Aus Ton wird auch das „Paar von Mojón" gemacht: männliche und weibliche Fruchtbarkeitsfiguren altkanarischen Stils mit überdimensionalen Genitalien. Gern wird es Brautleuten geschenkt – ein Wink mit dem Zaunpfahl auf eine reiche Nachkommenschaft. Ist heute natürlich nur noch ironisch gemeint …

INSIDER-TIPP
**Very sexy!**

## KUNST

Lanzarote hatte mit César Manrique den berühmtesten Maler, Bildhauer und Architekten der Kanarischen Inseln, einen Mastermind, der noch heute die Kunstszene inspiriert und prägt. Inzwischen hat sich auf der Ferieninsel eine internationale Kunstgemeinde etabliert. Galerien u. a. in Arrecife, Yaiza und Teguise verkaufen die Werke.

## GRÜNE SPLITTER

Man findet sie oft an den schwarzen Lavastränden der Westküste: kleine, grün schimmernde Steinchen aus Olivin. Das Mineral wurde mit dem Magma aus dem Erdinneren emporgeschleudert und später vom Meer aus der Schlacke gewaschen. Olivinbesetzte Lavastücke werden für wenige Euros verkauft. Schmuck aus dem Halbedelstein gibt es in vielen Geschäften. Meist allerdings stammt der Olivin nicht von der Insel, sondern aus Südamerika oder Asien – die Fundstücke auf Lanzarote sind zu klein.

# SPORT

**Windsurfen ist dank der stetigen Winde Sport Nummer eins auf Lanzarote. Gleitschirm- und Drachenfliegen sind ebenfalls angesagt. Auch zum Radfahren und Wandern ist die Insel ideal, geführte Wanderungen im Nationalpark Timanfaya sind ein besonderes Erlebnis. Tauchschulen offerieren Kurse und Tauchgänge an besonders interessanten Spots, z. B. dem Museo Atlántico de Lanzarote vor Playa Blancas Küste.**

Außerdem finden (zumeist von Mai bis Dezember) besondere Events wie Beachvolleyballturniere, Fahrradrennen oder Marathonläufe statt. Einer der bekanntesten Wettbewerbe ist der vom Sporthotel La Santa mitorganisierte *Ironman Lanzarote (ironmanlanzarote.com)*, bei dem die Athleten 3,8 km schwimmen, mit dem Fahrrad eine 180-km-Runde drehen und zum Schluss einen Marathon ab. Die Rennstrecke am Ende führt von Puerto del Carmen nach Arrecife. Vielleicht möchtest du die eisernen Athleten ja im Ziel empfangen?

## BIKEN

Auf Lanzarote herrscht das ganze Jahr über optimales Wetter für Radsportenthusiasten aller Art. Regenkleidung kannst du getrost zu Hause lassen, wichtiger sind Sonnencreme und Sonnenbrille. Vor allem der hügelige Norden der Costa Teguise ist ideal fürs Mountainbiken in herrlicher Vulkanlandschaft. Biker sollten aber auf keinen Fall die (sehr guten) Pisten verlassen– das ist strikt verboten. Auch Rennrad- und Tourenfahrer finden überall auf Lanzarote fast ideale Bedingungen vor. Die Berge sind nicht höher als 600 m, die Anstrengung hält sich in Grenzen. Grenzenlos dagegen sind die Naturerlebnisse, die auf Nebenstrecken etwa an der Süd-

Wo das Baden riskant ist, finden Kitesurfer ihr Paradies: Playa de Famara

ostküste warten. Gute Adressen für Radler: Playa Blanca: *Cool Bikes (Mountainbikes ab 16 Euro/Tag, auch E-Bikes und Vespas | C/ El Correíllo 48 | Tel. 928517787 | coolbikes.es);*
Costa Teguise: *Tommy's Bike Station (Mountainbike 16–25 Euro/Tag | Av. Islas Canarias 12 | C. C. Las Maretas 20B | rechts von der Post | Mobiltel. 628102177 | tommys-bikes.com)* hat erstklassige Mountainbikes und bietet Frei-Haus-Lieferung der Räder zum Urlaubshotel.
Puerto del Carmen: *Renner Bikes (Mountainbike ab 12 Euro/Tag, Rennrad ab 19 Euro/Tag | Centro Comercial Marítimo 25 Alto | Tel. 928510612 | mountainbike-lanzarote.com).*

## DRACHENFLIEGEN

Ein beliebter Startplatz für Drachenflieger ist die 502 m hohe Montaña Tinasoria bei Puerto del Carmen. Auch von verschiedenen Punkten des Risco de Famara und bei Mala kannst du abheben. Doch Vorsicht: Auf Lanzarote herrscht starke Thermik, außerdem setzen häufig unvorhersehbare Windwechsel ein. Es hat schon viele Unfälle gegeben. Anfänger sollten deshalb ausschließlich unter fachlicher Aufsicht starten! Experten findest du z. B. bei *volcanofly-lanzarote.com* oder *lanzarote-tandemflights.com*.

## GOLF

Grüne Rasenteppiche in der Halbwüste, davor das Blau des Meeres: Lanzarotes Golfplätze sind landschaftlich reizvoll! Traditionsreich ist der 18-Loch-Platz *Golf Costa Teguise (tgl. 8–20 Uhr | Greenfee 70 Euro | Tel. 928590512 | lanzarote-golf.com).* Auch attraktiv ist der neuere 18-Loch-Platz *Lanzarote Golf (tgl. 8–20 Uhr | Greenfee 75 Euro | Anfahrt über LZ 505 | Tel. 928514050 | lanzarotegolfresort.com)* bei Puerto del Carmen.

## STAND-UP-PADDLING

Schon mal ausprobiert? SUP kannst du in allen Ferienorten praktizieren, Ausrüstung wird verliehen und Unterricht angeboten. In Costa Teguise: *SUP Lanzarote (Playa de los Charcos | suplanzarote.com)*; in Puerto del Carmen: *Lava Flow Surf (lavaflowsurf.com)*; in Playa Blanca: *Kaboti Surf (kabotisurf.com)*.

## TAUCHEN

Die Tierwelt unter Wasser ist rund um der Kanaren sehr abwechslungsreich. Ein eindrucksvolles Erlebnis ist der Dive an der Küste bei Mala. In dem klaren Wasser leben auf dem Grund viele Stachelrochen und Adlerrochen. Alle Tauchschulen verlangen einmalig einen Beitrag von ca. 15 Euro für die Dekompressionskammer in Arrecife.

Costa Teguise: Die deutsche Tauchschule *Aquatis Diving Centre Lanzarote (Tauchgang 30 Euro, mit Ausrüstung 40 Euro | Playa de las Cucharas, Local 6 | Tel. 928590407 | diving-lanzarote.net)* bietet Tauchgänge und Unterricht (auch für Kinder) an.

Playa Blanca: *Rubicon Diving (10 Tauchgänge 420 Euro | Marina Rubicón | Local 77b | Tel. 928349346 | rubicondiving.com)* hat viele Kurse und Dives im Angebot.

Puerto del Carmen: Die Playa de la Barrilla nahe dem alten Hafen ist Ausgangspunkt vieler Dives. Ein echtes Unterwasserhighlight ist die *Catedral*, eine 20 m messende Lavablase in einer senkrechten Wand. Folgende Anbieter führen dicht hin: *Safari Diving (Tauchgang mit kompletter Ausrüstung 39 Euro, 10 Tauchgänge 337 Euro | Playa de la Barrilla 4 | Tel. 928511992 | safaridiving.com)* oder *Island Watersports (Tauchgänge ab 30 Euro, zehn Dives 246 Euro | Av. del*

*Varadero 36 | Marina | Tel. 928 51 18 80 | divelanzarote.com).*

## WANDERN

Lanzarote ist zwar keine grüne Wanderinsel, doch auch hier gibt es markierte Wege. Der *Camino Natural de Órzola a Playa Blanca* quert die Insel von Nord nach Süd. Spektakulär sind auch Wandertouren durch das Gebiet der Feuerberge, z. B. veranstaltet durch *Lanzatrekk (lanzatrekk.com).*

## SURFEN

Vor dem Famara-Strand mit seinen hohen, lang brechenden Wellen finden erfahrene Surfer (Wellenreiter) mit kurzen Brettern optimale Bedingungen. Aber: Vorsicht vor gefährlichen Strömungen! *Costa Noroeste (Kurs ab 35 Euro/halber Tag | Av. El Marinero 11 | La Caleta de Famara | Tel. 928 52 85 97 | costanoroeste.com).*

Auch Windsurf-Cracks kommen in La Caleta de Famara mit seinem stürmischen Meer voll auf ihre Kosten. Der klassische Wind- und Kitesurf-Spot ist jedoch Costa Teguise auf der Ostseite der Insel. An der Playa de las Cucharas wehen oft heftige Seitenwinde. Hier finden auch regelmäßig internationale Windsurf-Wettbewerbe statt.

Ein deutschsprachiger Verleiher von Brettern ist beispielsweise *Windsurf Paradise (C/ la Corvina 8 | Tel. 635 05 41 10 | windsurflanzarote.com).* Sehr gut ist auch der *Windsurfing Club* (s. S. 53). Die Mietbretter kosten hier ab 40 Euro/Tag, Anfängerkurse ab 90 Euro.

La Caleta de Famara: Hier bekommst du bei *Calima Surf (Av. El Marinero 13 | Tel. 928 52 85 28 | calimasurf.com)* neben Leihbrettern, Windsurf- und Surfstunden auch Unterricht im Kitesurfen.

Schritt für Schritt: Die karge Landschaft pustet langsam aber sicher den Kopf frei …

# DIE REGIONEN IM ÜBERBLICK

El Río
Playa de Famara
COSTA TEGUISE UND DER NORDEN S. 48
Teguise
Wunder über Wunder: Lavalabyrinthe, Klippen und eine Oase
Costa Teguise
ARRECIFE S. 38
Arrecife
Kleinstadt an der Küste macht auf Hauptstadt
5 km
3.11 mi

# ARRECIFE

## WILL SICH NEU ERFINDEN

**Lanzarotes Hauptstadt könnte traumhaft sein. Denn sie liegt an einer Küste, die mit Riffs weit ins Meer hinausragt. Arrecife hat einen tollen Strand mit hellem Sand und Palmen, dazu eine stimmungsvolle Lagune und einen Yachthafen.**

Außen hui, doch innen pfui: Läuft man landeinwärts, sieht's leider nicht immer rosig aus. Schmuddelige Straßen, verrammelte Läden, die in der Krise schließen mussten, eine verwaiste Partymeile und seltsame Baulücken – hier liegt noch einiges im Argen. Während der

Auf den ersten Blick: hui! Arrecifes Altstadt mit der Iglesia de Ginés

touristischen Boom-Zeiten, so scheint's, floss das Geld an der Hauptstadt vorbei. Doch das ambitionierte Facelifting hat begonnen! Den Start macht die Küste, an der sich eine verkehrsberuhigte Straße mit breiter Promenade entlangzieht. Sie mündet in die Marina, wo Stege aufs Wasser führen und schnittige Boote vor Anker liegen – ein Vorzeigeprojekt! Ebenso schön zum Bummeln und Chillen ist der Charco de San Ginés, eine weit landeinwärts führende Meeresbucht, in der kleine Fischerboote auf dem Wasser schaukeln.

# ARRECIFE

## MARCO POLO HIGHLIGHTS

**★ CASTILLO DE SAN JOSÉ**
Das geduckte Kastell überrascht mit einem schönen Museum für zeitgenössische Kunst und einem stilvollen Restaurant ➤ S. 44

**★ EL CHARCO DE SAN GINÉS**
Der hübsch renovierte Naturhafen wandelt sich zum Kneipen- und Restaurantviertel mit einer rundherum führenden Flaniermeile ➤ S. 43

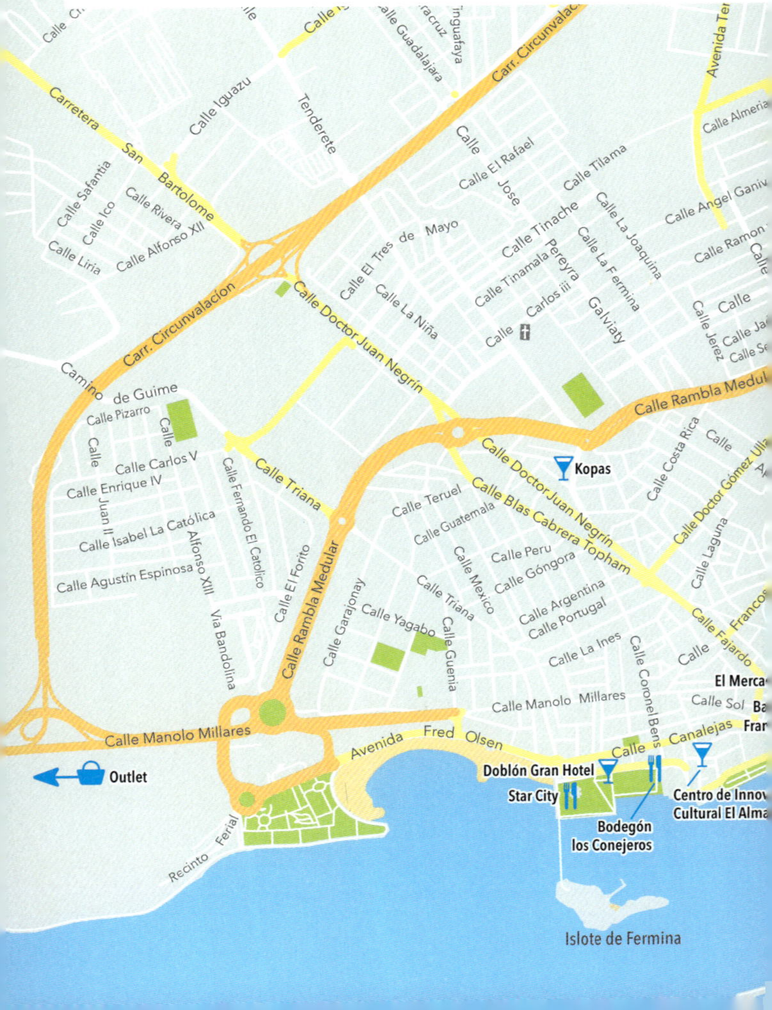

★ **MARINA LANZAROTE**

Dem Meer abgerungen: ein ins Wasser gebauter Yachthafen mit Läden und Lokalen – toll zum Entspannen! ➤ S. 44

Arrecife ist keine Schönheit, hat aber durchaus attraktive Ecken. Dazu gehört die Lagune mit angrenzender Marina und ein durch Riffe geschützter Strand. Wer neugierig ist zu erfahren, wie das alltägliche Leben in einer kanarischen Inselhauptstadt aussieht, ist hier an der richtigen Adresse.

Der Hingucker an der Meeresstraße ist das Gran Hotel, Lanzarotes einziges Hochhaus. Landschaftsarchitekt César Manrique war wenig *amused*, als er in den 1970er-Jahren den 17-stöckigen Klotz zum ersten Mal sah. Doch, aufwändig umgestylt, sorgt dieser heute mit schicker Glasfassade für frischen Glanz. Ihm zu Füßen liegt die Playa del Reducto, ein Paradestrand mit Palmen. An seinem südlichem Ende geht der Strand in einen Park über, sodass sich die Relax-Zone – nun mit grünem Vorzeichen – noch ein Stück fortsetzt. Auf der Promenade kannst du schier endlos weiter laufen – auf Wunsch gut und gern 10 km bis Puerto del Carmen – immer am Meer entlang! Auch auf der anderen Seite des Gran Hotel sieht es gut aus: Hier spaziert man längs der verkehrsberuhigten, mit Terrassencafés gespickten Uferstraße bis zur attraktiven *Casa de Cultura Agustín de la Hoz* – hier werden Ausstellungen gezeigt. Dahinter geht es über die Zugbrücke Puente de Bolas auf einen aufgeschütteten Damm, der weit ins Meer ragt. Auf halber Strecke kauert das Castillo de San Gabriel mit einem spannenden Innenleben. Landeinwärts lädt die Calle León y Castillo zu einem Bummel ein. In der Fußgängerzone mit ihren Seitengässchen tauchst du in das muntere Alltagsleben der Arrecifer ein. Geschäftsleute, Mütter mit Kindern, *señoras* in legerem Outfit, *señores* mit ihren typischen breitkrempigen Hüten. Aber bitte nicht zu spät kommen – kurz nach 13 Uhr beginnt sich die Straße zu leeren, dann ist Siesta angesagt ... Rechts herum taucht aus dem Häusergewirr der Turm der Iglesia de San Ginés auf. Die kleine Plaza vor der schlichten Kirche ist mit ihren Bänken und den schattigen Lorbeerbäumen der ideale Platz für eine Rast.

Das Schmuckkästchen der Stadt liegt im Viertel hinter Kirche und Markt: der Charco de San Ginés, der kleine „Teich" *(charco)* mit Naturhafen. Ringsum von einer Promenade gesäumt, lässt er sich prima umrunden. Machst du schlapp – kein Problem: Alle drei Schritte bietet sich eine Terrassenbar

**WOHIN ZUERST?**

An die **Uferpromenade**! Den Bummel durch Lanzarotes Hauptstadt startest du am besten am Meer. Park nahe der Promenade, z. B. in der Tiefgarage des Arrecife Gran Hotel, denn die Stadt ist zwar klein, aber der Verkehr enorm. Wer mit dem Bus kommt, steigt ebenfalls an der Promenade aus. Spaziere zunächst am Strand entlang; 500 m weiter stößt du auf die Casa de Cultura Agustín de la Hoz, einen restaurierten Prachtbau mit Touri-Info. Landeinwärts zweigt die Fußgängerstraße León y Castillo ab, angrenzend liegt die Stadtlagune Charco de San Ginés.

Alltagsleben? Findest du am Vormittag in der Calle León y Castillo

für eine Pause an. Auf Höhe der Lagune wurde dem Meer ein Stück Land abgerungen, Stege spannen sich hinüber zur neuen Marina. Noch ein Stück weiter stadtauswärts Richtung Fähr- und Kreuzfahrthafen liegt auf einer Felsklippe das Castillo de San José, es markiert heute wie eh und je Arrecifes Stadtgrenze.

## SIGHTSEEING

### 1 CASTILLO DE SAN GABRIEL

Dieses kleine Ding mit den paar Kanönchen auf dem Dach sollte der Abwehr dienen? Piraten jedenfalls schüchterte es nicht ein, sie landeten problemlos auf Lanzarote, plünderten Dörfer und nahmen Geiseln. Kurios ist die Lage des 1590 gebauten Kastells: Es thront auf einem vorgelagerten Inselchen, das über eine Zugbrücke mit der Stadt verbunden ist. Jenseits des Kastells setzt sich der Damm fort, sodass du weit „übers Wasser gehen" kannst. Ein Museum im Kastell erzählt die Geschichte der Insel: von den Ureinwohnern über die Eroberung durch die Spanier bis hin zum Tourismusboom. Eine schmale Steintreppe führt aufs „Oberdeck" mit weitem Blick über die Küste. *Mo–Fr 10–17, Sa 10–14 Uhr | Eintritt 3 Euro (deutscher Begleittext erhältlich) | 30 Min.*

### 2 EL CHARCO DE SAN GINÉS ★

Der Hafen im Zentrum Arrecifes ist ein Beispiel für gelungene Sanierung. Auf dem seichten Wasser dümpeln bunte Fischerboote, die zusammen mit dem auffallenden Blau-Weiß der Häuser einen hübschen Gesamteindruck ergeben. Ringsum verläuft eine Promenade, auf die die Lokale bei gutem Wetter ihre Tische nach draußen stellen. Snacke eine Tapa, und schau dir entspannt an, wie die Fischerboote durch einen Kanal ein- und auslaufen.

### 3 IGLESIA DE SAN GINÉS

Die dreischiffige, weiße Basilika macht sich gut an der kleinen, baumbestandenen Plaza de las Palmas. Im kühlen Inneren schaffen die schöne Holzdecke im Mudejarstil, die schwarzen Säulen aus Lavastein und die steinernen Rundbögen, die den Dachstuhl tragen, ein warmes Ambiente. *Keine festen Öffnungszeiten*

### 4 MARINA LANZAROTE ★

Mit seinen schicken Läden und Lokalen ist der Yachthafen zum Aushängeschild von Arrecife geworden. Eine helle, kubische Architektur, dazu schnittige Yachten an langen Molen – vielen gilt die Marina als ein Meisterstück der Baukunst. *ccmarinalanzarote.com*

### 5 PARQUE MUNICIPAL

Westlich des Stadtstrands mündet die lang gestreckte Uferpromenade in einen kleinen Park voller Exoten. Hier können sich Kinder auf einem Spielplatz mit Skatingbahn austoben. An der nördlichen Seite des Parque halten die Busse aus Playa Blanca, Puerto del Carmen und Costa Teguise. Von diesem kleinen Busterminal *(intercambiador de guaguas)* ist der Fußweg ins Stadtzentrum viel kürzer als vom zentralen Busbahnhof aus.

### 6 CASTILLO DE SAN JOSÉ ★☂

Bis der spanische König kapierte, dass ein zweites Kastell nötig war, um die Stadt ordentlich zu verteidigen, mussten fast 200 Jahre vergehen. Es entstand oberhalb des Fischereihafens an der Küstenstraße Richtung Costa Teguise und sieht dem ersten verblüffend ähnlich. Drinnen eröffnet sich mit dem *Museo Internacional de Arte Contemporáneo MIAC (tgl. 10–20 Uhr | Eintritt 4 Euro | cactlanzarote.com),* dem Museum für zeitgenössische Kunst, allerdings eine andere Welt. Die Namen der hier vertretenen Künstler lesen sich wie das Who's Who der klassischen spanischen Moderne: Joan Miró und Antonio Tàpies sind die berühmtesten von ihnen. Ein Raum ist Pancho Lasso (1904–1973) gewidmet, einem der wichtigsten Bildhauer Lanzarotes im 20. Jh. Dank César Manrique öffnet sich das Castillo auch architektonisch der Moderne: Eine phantastische, in einen weißen Tunnel hineingebaute Treppe führt ins *Restaurant* (s. u.) im Untergeschoss, wo raumgroße Panoramafenster den Blick auf den Hafen freigeben. Besuche auch die Aussichtsplattform! ⏲ *60 Min.*

## ESSEN & TRINKEN

### QUÉMUAC CASTILLO DE SAN JOSÉ

Speisen im Kastell: Verheißungsvoll ist bereits der Eingang mit den schwarzen Lavastufen und den indirekt beleuchteten Wänden. Panoramafenster eröffnen einen tollen Blick auf das Hafenareal, distinguierte Kellner servieren neue kanarische Küche mit Pfiff und verbreiten einen Hauch von Luxus. Falls du nichts essen willst, genieß einfach das Ambiente an der Bar. *Tgl. | Tel. 928812321 | €–€€€*

Hinter den Mauern des Castillo de San José: Werke u. a. von Miró

### LILIUM

Großartige Küche in der neuen Marina: Orlando bereitet aus Inselzutaten kreativ-kanarische Gerichte zu, Sandra serviert. Beim neungängigen Degustationsmenü für 45 € bekommst du die Highlights der Saison – von Bananen-Kroketten über Schweinebäckchen auf Süßkartoffel bis zu hausgemachtem Eis aus Ziegenmilch. *Mo–Sa 14–16 u. 20–23 Uhr | Av. Olof Palme | Marina | Tel. 928524978 | restaurantelilium.com | €€*

SIDER-TIPP
hne Qual der Wahl

### BAR SAN FRANCISCO

Nicht mit der Zeit gegangen und trotzdem ein Hotspot: Die bunt gekachelte Restaurantbar ist immer gut besetzt, vom ersten *cortado* am Morgen bis zum letzten Glas Wein am Abend. Reiche Auswahl an Tapas. *So geschl. | C/ León y Castillo 10–12 | Tel. 928813383 | €*

### STAR CITY

Hier hebst du ab! Das Pub-Café im 17. Stock des Arrecife Gran Hotel bietet neben seiner tollen Getränkeauswahl einen Traumblick über die Hauptstadt. *Tgl. | Parque Islas Canarias | aghotelspa.com | €*

### STRAVA

Engagiert geführtes Mini-Lokal in einer vom Kirchplatz abgehenden Seitenstraße. Täglich wechselnde Tapas, die einem das Wasser im Mund zusammenlaufen lassen, z. B. Tintenfisch

Nix los? Keine Sorge, die Loungesessel werden sich nach Sonnenuntergang noch füllen

auf Kichererbsenmus, Thunfisch-Tatar oder Calamares-Kroketten. *Calle Ginés de Castro 9-B | Tel. 928 80 63 94 | €-€€*

### BODEGÓN LOS CONEJEROS

Durch einen engen Gang gelangst du in ein uriges Lokal, in dem ein intellektuelles Publikum die authentische Lanzarote-Küche schätzt. *Mo–Sa 18–24 Uhr | Av. Dr. Rafael González 9 | Tel. 928 18 71 95 | €€*

## SHOPPEN

Alle strömen in die Fußgängerstraße Calle León y Castillo und ihre Seitengassen. Hier findest du Trendiges und Traditionelles.

### MARKT

Am Samstagvormittag werden in den Gassen rings um die Pfarrkirche Kunsthandwerk und Kulinaria angeboten. *Sa 9–12 Uhr | Plaza de las Palmas*

### EL MERCADILLO

Sympathisch antiquiert: Im kleinen Einkaufszentrum liegen die Geschäfte um einen glasüberdachten Patio. Mit Bioladen *(herbolario)* und nettem Café. *C/ León y Castillo 16*

### PESCADERÍA MUNICIPAL & LA RECOVA

Für Selbstversorger: In der kleinen Fischhalle und nebenan im ummauerten Markt-Patio wird bis mittags frische Ware verkauft. *Mo–Sa 8–13 Uhr | Ecke Calle Liebre/Av. Vargas*

### OUTLET

In den Outlet- und Einkaufszentren von Playa Honda, einem Vorort der Hauptstadt *(2 km südlich)*, gibt's alles – und günstig ist es obendrein. Im *Cen-*

*tro Comercial Deiland* shoppst du Markenware zu Schleuderpreisen! Hierhin fahren auch viele Lanzaroteños zum Einkaufen. Der Supermarkt Hiperdino hat die größte Lebensmittelauswahl der Insel.

INSIDER-TIPP
Koffer nicht angekommen? Kein Problem!

## STRÄNDE

### PLAYA DEL REDUCTO

Arrecifes Paradestrand: weiß, weich und von Palmen beschattet. Durch vorgelagerte Riffs bricht sich die Brandung, sorgloses Baden ist möglich.

## AUSGEHEN & FEIERN

### CENTRO DE INNOVACIÓN CULTURAL EL ALMACÉN

Der Kulturtreff der Insel: Fast jeden Abend ist was los – Konzert, Kino, Theater, Performance oder Kunstausstellung! Und hinterher ein Drink in angeregter Runde in der Bar ... Seit Jahrzehnten inspiriert El Almacén die Szene! *So geschl. | C/ José Betancort 33 | culturalanzarote.com*

### DOBLÓN GRAN HOTEL

In der „Dublone" im Gran Hotel Arrecife heizen DJs Feierwilligen bis zum Morgengrauen ein. *Tgl. 23–6 Uhr | Av. de Mancomunidad 1 | facebook: doblon gran hotel*

### KOPAS

Am frühen Abend Cocktails und Shishas in der Lounge am Wasser genießen, später dann abtanzen zu Salsa und House. Am Wochenende oft thematische Partys. Disko nur für Gäste ab 25 Jahren! *Tgl. 11–4 Uhr | Av. Olof Palme/Marina | facebook: kopaslanzarote*

## SCHÖNER SCHLAFEN IN ARRECIFE

### MIT MEER- UND BURGBLICK

Der Name *Miramar (85 Zi. | Av. Coll 2 | Tel. 928812600 | hmiramar.com | €€)* sagt alles: Sowohl vom Balkon als auch von der Frühstücksterrasse genießt du den wunderbaren *mira mare* (Meerblick) – und hast außerdem noch die Zugbrücke und das Castillo de San Gabriel vorm Haus. Auch ins Wasser springen ist kein Problem: Einfach die (verkehrsberuhigte) Straße überqueren und die Felstreppe runter, schon bist du im Atlantik!

# COSTA TEGUISE UND DER NORDEN

## EINE ÜBERRASCHUNG NACH DER ANDEREN

**Wer von der Ferienstadt Costa Teguise den Norden entdeckt, erlebt Lanzarotes ganze Vielfalt – von der Wüste bis zum Palmental, von der staubigen Ebene bis zum dramatischen Famara-Gebirge. Und mittendrin Highlights mit Wow-Effekt!**

Bis auf 671 m steigt Lanzarote im Norden auf, hoch genug, um den Passatwolken Feuchtigkeit abzuluchsen. Diese sorgt für viel Grün, etwa im Tal von Haría, das mit seinen Kanarenpalmen wie eine Oase wirkt. Grün getupft sind auch die gen Westen abstürzenden Klippen,

Hat schon lange aufgehört zu spucken: Vulkan Monte Corona

und über die Hänge des Monte Corona kriechen Weinreben. Als der Vulkan um 3000 v. Chr. ausbrach, schuf er faszinierende, begehbare Höhlensysteme: die Cueva de los Verdes und Jameos del Agua. Über ihnen erstreckt sich gen Osten bis zur Küste eine dunkle Landschaft aus scharfkantigen Magmaschollen. Doch hell blitzen an manchen Stellen Strände auf und laden zum Baden ein. Der Fischerort Órzola schließlich ist nicht nur für seine Fischrestaurants bekannt. Von dort legen auch Mini-Fähren zur Insel La Graciosa ab.

# COSTA TEGUISE UND DER NORDEN

## MARCO POLO HIGHLIGHTS

★ **CUEVA DE LOS VERDES**
Der Besuch des grandiosen Höhlensystems ist ein Höhepunkt jedes Lanzaroteurlaubs ➤ S. 57

★ **JARDÍN DE CACTUS**
Faszinierend ist die stachelige Welt der 1400 Kakteen mit Windmühle und Fischteich ➤ S. 55

★ **JAMEOS DEL AGUA**
Eine geheimnisvolle Lagune mit weißen Krebsen ist die Attraktion des Lavatunnels ➤ S. 56

★ **FUNDACIÓN CÉSAR MANRIQUE**
Manriques Wohnhaus in einer Lavablase in Tahiche vereint Kunst und Natur in Harmonie ➤ S. 54

★ **LA GRACIOSA**
Das abgelegene Eiland hat sich bis heute seinen ursprünglichen Charme bewahren können ➤ S. 58

★ **TEGUISE**
Einmalig: das Ensemble aus Kirche, Herren- und Stadthäusern in der ehemaligen Hauptstadt ➤ S. 60

★ **HARÍA**
Der liebenswerteste Ort der Insel liegt mitten im Tal der 1000 Palmen ➤ S. 67

★ **MIRADOR DEL RÍO**
Von einem der schönsten Aussichtspunkte siehst du die Inseln La Graciosa und Alegranza ➤ S. 69

4 km
2.49 mi
Playa de las Conchas
La Graciosa ★
S. 58
Isla Graciosa
Caleta del Sebo
la Cocina
Playa de Francesa
Órzola 6
Playa de Caletón Blanco
Mirador del Río ★ 12
13 Yé
11 Mirador de Guinate
Guinate
LZ1
Máguez
Cueva de los Verdes ★ 5
4 Jameos del Agua ★
10 Haría ★
Punta Mujeres
3 Arrieta
Tabayesco
Playa de Famara
Famara Bungalows
9 Ermita de las Nieves
Mala
20 km, 20 Min.
32 km, 30 Min.
LZ1
Jardín de Cactus ★
2 Guatiza
Los Cocoteros
Teguise ★
S. 60
7 Lagomar
Nazaret
13 km, 15 Min.
Tahíche
1 Fundación César Manrique ★
Playa de las Cucharas
Costa Teguise
S. 52
LZ1

Costa Teguise: dunkle Berge, weiße Häuser und Wellengang für Windsurfer

# COSTA TEGUISE

(🕮 G9) **Wer eine ruhige Kugel am Strand schieben möchte, ist in Costa Teguise richtig. Ein paar kleine, hübsche Strände, von einer Promenade flankiert, dazu mehrere Windsurf- und Tauchschulen sowie nette Restaurants sorgen für einen entspannten Urlaub.**

Erschlossene Grundstücke bis weit ins Landesinnere sprechen Bände: Hier war eine Mega-Tourismus-Expansion geplant. Mit der Finanz- und Wirtschaftskrise (2008–2016) kehrte wegen mangelnder Mittel Ruhe ein, und die Verwaltung verfolgt nun eine gemächlichere Gangart. So ist das Urlauberleben in der Feriensiedlung nördlich der Inselhauptstadt um einiges ruhiger als im umtriebigen Puerto del Carmen. Mehrere Hotels stehen in dem Ruf, zu den besten der Kanaren zu gehören, allen voran das Fünfsternehotel Gran Meliá Salinas.

## SIGHTSEEING

### PUEBLO MARINERO

Das „Seemannsdorf" trägt unverkennbar César Manriques Handschrift: Seine verwinkelten Innenhöfe ersetzen den historischen Ortskern. Hier findet der große Wochenmarkt statt, im Februar auch die zentrale Karnevalsfeier. *Av. de las Islas Canarias s/n*

### LANZAROTE AQUARIUM

In etwa 20 gut beleuchteten Becken wurden die Lebensräume der Meeresbewohner nachgebaut, Haie schwimmen in einem Glastunnel über die Besucher hinweg. *Tgl. 10–18 Uhr | Eintritt 14 Euro, Kinder 9 Euro | Av. Las Acacias | Centro Comercial El Trébol | aquariumlanzarote.com | 45 Min.*

## ESSEN & TRINKEN

Der oft starke Passatwind entlang der Costa Teguise war lange Jahre ein stetes Ärgernis für die Kellner der Restaurants: Immer wieder musste das Servicepersonal den davonfliegenden Tischtüchern hinterherrennen. Heute sind aus diesem Grund viele Restaurantterrassen windgeschützt oder mit großen Panoramascheiben verglast, sodass die Kellner Ruhe haben – und du das Essen ganz ohne Sand zwischen den Zähnen genießen kannst.

### CEBOLLA SALVAJE

Mehr als eine *„Estudio Bar"*, wie sie sich mit Understatement nennt: José und Elena servieren kanarisch inspirierte Tapas und Tellergerichte aus regionalen Zutaten und dazu naturtübes, nicht pasteurisiertes Lanzarote-Bier Marke Malpaís. Auch die Cocktails schmecken! *Tgl. | Calle Las Olas 21 | Tel. 928590707 | facebook: cebolla salvaje | €€*

SIDER-TIPP
Craft Beer & Craft Food

### LA TABLA

Das Lokal liegt nicht am Meer, wartet aber mit einer luftigen Terrasse auf. Auf gepolsterten Stühlen sitzt man bequem und genießt das preiswerte Tapasmenü: sieben Kleingerichte, von denen zwei Personen satt werden. Wer großen Appetit verspürt, greift zum Fleisch vom Holzkohlegrill. Gut sind auch die hausgemachten Desserts. Und außerdem: freundlicher Service! *Tgl. | Centro Comercial Las Maretas | bei der Post | Tel. 928524076 | €-€€*

### VALI

Im Pavillon am unteren Ende der zum Strand von Costa Teguise hinabführenden Avenida stärkst du dich für wenige Euros mit Sandwiches, Smoothies und starkem Kaffee. *Di–So 9.30–1 Uhr | Av. del Jablillo s/n/Ap. Galeón | €*

### VILLA TOLEDO

Das Terrassenlokal mit großer Fisch- und Fleischkarte liegt über Felsen direkt am Meer – schön zum Sonnenuntergang. *Tgl. | Av. Los Cocederos | Tel. 928590626 | €€*

## SHOPPEN

### MERCADILLO

Das Pueblo Marinero bildet den stimmungsvollen Rahmen für den abendlichen Freitagsmarkt (ab 17 Uhr): Kunsthandwerker von der Insel verkaufen Accessoires wie Lavaschmuck und Aquarelle mit Lanzarote-Motiven, Textilien und Keramik.

## SPORT & SPASS

### WINDSURFING CLUB

Die traditionsreiche Basis bietet Windsurf- und SUP-Kurse, Schnorchel- und Kajakausflüge. *C/ Marajo | Centro Comercial Las Maretas 2 | Tel. 928590731 | lanzarotewindsurf.com*

### TOMMY'S BIKE STATION

Was das Herz begehrt rund ums Rad: Renn-, MTB- und E-Bikes sowie geführte Touren über die ganze Insel. *Av. Islas Canarias 12 | C.C. Las Maretas 20-B | Tel. 628102177 | tommys-bikes.com*

### AQUATIS DIVING CENTER

Vom Schnupper- bis zum Profikurs, gern auch Nacht- und Wracktauchen organisiert die deutschsprachige Tauchschule. *Playa de las Cucharas, Local 6 | Tel. 928590407 | diving-lanzarote.net*

## STRÄNDE

Klein, aber fein und mit hellem, feinkörnigem Sand: Mit 650 m der längste Strand ist die *Playa de las Cucharas*, an der auch Surfer ins Wasser steigen – vorgelagert liegt ihr Top Spot. Südlich folgen die *Playa del Jablillo* und die von Palmen beschattete *Playa Bastián*. Und dann ist da noch die *Playa del Ancla* unterhalb des Hotels Oasis de Lanzarote. Alle Strände sind über die Promenade erreichbar.

## AUSGEHEN & FEIERN

Die Lokale im Pueblo Marinero sind nur am Wochenende gut gefüllt. Die Szene orientiert sich vor allem am Geschmack englischer Touristen. Die *Dicken's Bar (tgl. bis 2.30 Uhr | Av. del Mar)* mutet viktorianisch an, gehört aber einem Spanier: Víctor bietet gute Cocktails und eine große Gin-Auswahl, u. a. kanarischen Macaronesian; mehrmals wöchentlich Livemusik.

# RUND UM COSTA TEGUISE

### 1 FUNDACIÓN CÉSAR MANRIQUE ★

*7 km westl. von Costa Teguise/5 Min. per Auto über die LZ 34*

Wer mehr über Lanzarotes größten Künstler erfahren möchte, kommt an der Fundación César Manrique in *Tahiche* nicht vorbei. Gleich neben dem Kreisverkehr, den ein großes Manrique-Mobile aus Edelstahl ziert, befindet sich die Stiftung im ehemaligen Wohnhaus des Künstlers. Ein großer Teil der Werke Manriques ist hier ausgestellt, auch Arbeiten seiner Künstlerfreunde werden gezeigt. Allein schon das ungewöhnliche Haus ist den Besuch auf jeden Fall wert: Ein Teil der unterirdischen Salons wurde in futuristisch wirkende Lavablasen hineingebaut. *Tgl. 10–18 Uhr | Eintritt 8 Euro | fcmanrique.org | 30 Min.*

Gleichfalls einen Abstecher lohnt das nahe, von Manrique entworfene und in einen Wasserspeicher gebaute Restaurant *Los Aljibes de Tahiche (Fr–Mi 11–22 Uhr | vom Kreisel Richtung Costa Teguise | Mobiltel. 610454294 | €€–€€€)*: Ein brasilianisch-argentinisches Duo bietet Fleisch vom Grill und hauseigenes Bier, das du auf einer Terrasse unter Palmen und Drachenbäumen genießen kannst. Wirf auch einen Blick in die Zisternengalerie! | *F9*

INSIDER-TIPP
**Selbst gebrautes Bier**

## 2 GUATIZA

*11 km nördl. von Costa Teguise/ 10 Min. per Auto über die LZ 1*

Kakteenfelder, so weit das Auge reicht: In und um Guatiza ist jedes freie Fleckchen mit den fleischigen Opuntien bepflanzt. Bauern mit tief sitzenden Basthüten gehen die langen Reihen ab. Eine alte Eukalyptusallee führt durch den Ort, der einst mit den Cochenilleläusen zu Wohlstand kam. Obwohl das große Geschäft mit der roten Naturfarbe vorbei ist, wird zwischen Guatiza und Mala immer noch fleißig geerntet.

Der ★ *Jardín de Cactus (tgl. 10–17.45 Uhr | Eintritt 5,80 Euro | ⏱ 30 Min.)* am Ortsende widmet sich ganz der stacheligen Welt der Kakteen. Fast 1500 verschiedene Arten hat César Manrique hier im weiten Kessel eines ehemaligen Steinbruchs am Fuß einer restaurierten Gofiomühle versammelt. Der Kaktusgarten war seine letzte Arbeit. Schwarze Lavasteinchen und hohe Steinsäulen verstärken die Wirkung dieses Ambientes noch – kein Wunder, dass man sich vorkommt wie in einer fremden Welt! Ein Lokal bietet Snacks an, ein Shop verkauft Souvenirs. | *G–H7*

## 3 ARRIETA

*17,5 km nördl. von Costa Teguise/ 15 Min. per Auto über die LZ 1*

Weiße Häuser stehen dicht am Meer, eine Mole ragt ins Wasser. Von hier fahren jeden Tag Fischerboote aufs Meer, um die Restaurants entlang der Hauptstraße mit frischer Ware zu versorgen. Auch einen Strand gibt es in Arrieta: Die 800 m lange *Playa de la Garita* ist zwar mit Steinen übersät, aber dazwischen blitzt heller Sand hervor. Die einzige Sehenswürdigkeit des Ortes ist die *Casa Juanita,* die von allen nur Blaues Haus *(Casa Azul)* genannt wird. Sie wurde von einem Lanzaroteño, der in Venezuela zu Reichtum gekommen war, auf einer Klippe erbaut. Schon von Weitem siehst du die tiefblauen Kassetten der Fassade leuchten. Keine Sehenswürdigkeit im engen Wortsinn, auch wenn es sich Museum nennt, ist das *Museo de Aloe (So geschl. | Eintritt frei | C/ El Cortijo 2)* am Ortseingang: Schautafeln rund um die „Wunderpflanze" führen in einen Verkaufsraum.

Piksgefahr – immer schön auf dem Weg bleiben im Jardín de Cactus

Landschaftskunstwerk mit blau-weißem Pool und Palmen: Jameos del Agua

Die meisten Besucher Arrietas kommen, um hier frischen Fisch zu essen. Auf der Mole mit großem Schiffsfernrohr und Blick aufs blaue Haus liegt das Lokal *El Charcón (Mi geschl. | Tel. 928848110 | elcharconlanzarote.com | €€)*, wo Ricardo und Sabina gern hauseigenen Wein der Marke *La Grieta* kredenzen. Sowohl ihr weißer als auch der auf Lanzarote eher seltene Rotwein schmecken herrlich erdig-süffig, und ihre Trauben stammen garantiert von der Insel. Immer beliebt ist ein Besuch beim Brüderteam des *Amanecer (Do geschl. | La Garita 46 | Tel. 928835484 | €€)*, wo fangfrischer Fisch gut zubereitet wird. Schnell belegt sind die Plätze auf der kleinen Terrasse am Meer. Direkt am Strand sitzt du im *Chiringo Beach (tgl. ab 11 Uhr | €)* südlich des Orts an der *Playa de la Garita*. Mit coolem Jazz im Hintergrund snackst du kleine Gerichte. Und am Wochenende wird köstliche Meeresfrüchte-Paella serviert! | *H6*

INSIDER-TIPP **Roter mit Suchtfaktor**

INSIDER-TIPP **Paella mit Wellenklang**

## 4 JAMEOS DEL AGUA ★

*22 km nördl. von Costa Teguise/ 20 Min. per Auto über die LZ 1*

Für Hollywooddiva Rita Hayworth waren sie „das achte Weltwunder". Auch wenn ihr Urteil etwas übertrieben scheint, sind die *Jameos del Agua* wirklich etwas ganz Besonderes: Zunächst steigst du durch einen großen Trichter, eine eingebrochene Lavadecke, in die Tiefe und passierst ein unterirdisches, terrassenförmig angelegtes Restaurant mit üppig wuchernden Pflanzen. Noch eine Etage tiefer schimmert ein verwunschener Salzwassersee, in dem winzige Albinokrebse leben – es gibt sie nur hier und nirgends sonst auf der Welt. Da sie ausschließlich im Dunkeln leben, haben sich ihre Augen vollständig zurückgebildet. Eine Hinweistafel warnt davor, Münzen ins Wasser zu werfen: Die Krebse würden durch die entstehenden Metalloxide vergiftet werden. Am gegenüberliegenden Ufer des Sees geht es hinauf zu einer zweiten Höhle. Deren Decke ist allerdings so weit aufgerissen, dass die Sonne ungehindert eindringen kann. Was liegt da näher, als einen weißen Pool anzulegen, effektvoll von Palmen umringt. Ihm folgt in der nächsten Tunnelröhre ein Auditorium mit exquisiter Akustik. Wie die Cueva de los Verdes gehören die Jameos del Agua zum Tunnelsystem Atlántida. Durch zwei große Einbrüche *(jameos)* der Lavadecke warfen bis Ende der 1960er-Jahre die Bauern ihren Müll. Dann ließ César Manrique die Höhlen reinigen und zu einem Landschaftskunstwerk umgestalten. *Tgl. 10–18.30, Di und Sa auch 19–3 Uhr mit 45 minütiger Folkloreshow ab 22.30 Uhr, danach DJ-Sessions bis 0.30 Uhr | Eintritt 9,50 Euro | centrosturisticos.com | 30 Min | H6*

## 5 CUEVA DE LOS VERDES ★

*23 km nördl. von Costa Teguise/ 20 Min. per Auto über die LZ 1*

Traumtrip in die Unterwelt: Steig hinab in die Eingeweide eines Vulkans! Auf der geführten Tour fühlst du dich wie in einer begehbaren Riesenskulptur, dazu kommen raffinierte Lichteffekte und sphärische Klänge. Die Cueva de los Verdes ist Teil eines 7,5 km langen Lavatunnels, des *Túnel de la Atlántida*. Die Höhle entstand beim Ausbruch des Monte Corona vor 5000 Jahren. Die Lavaströme, die damals ins Meer flossen, erkalteten an der Oberfläche und verfestigten sich schnell, während das Magma darunter weiterströmte. Als die Eruptionen aufhörten, flossen die Reste hinaus und hinterließen so auf verschiedenen Ebenen Gänge und Hohlräume, die zusammen 40 m Höhe erreichen und weit ins Meer hinausreichen. Zur Zeit der Piratenüberfälle diente die Höhle als gut versteckte Zufluchtsstätte. 1618 wurde das Versteck an algerische Freibeuter verraten, die Hunderte der Schutzsuchenden in die Sklaverei verschleppten.

45 Minuten dauert die 2-km-Tour (auf Spanisch und Englisch) durch die bizarre Welt im Innern des Lavagesteins. Auf halbem Weg wird in einem weiten Auditorium Rast gemacht. Zum Schluss gibt's noch einen verblüffenden Effekt – lass dich überraschen! Ein besonders Erlebnis sind auch die Konzerte im Auditorium der Höhle. *Tgl. 10–17 Uhr | Führung 9 Euro | centrosturisticos.com | H6*

## 6 ÓRZOLA

*32 km nördl. von Costa Teguise/ 30 Min. per Auto über die LZ 1*

Den kleine Fischerhafen im äußersten Inselnorden solltest du schon deshalb besuchen, weil dort die Atlantikbrandung oft mit ungeheurer Kraft spektakulär gegen die Felsen donnert. Im Ort finden sich einige rustikale Fischrestaurants. Fangfrisches gibt es im Restaurant *Os Gallegos (tgl. ab 10 Uhr | C/ La Quemadita 6 | Tel. 928842502 | €€)*, das die beste Lage hat. Toni serviert flink, was seine Frau Begonia zubereitet hat: zarten Pulpo auf galizisch (d.h. in Scheiben geschnitten), Muscheln, Garnelen, üppige Fischplatten. Lass Platz für die köstlichen Desserts! Am Wochenende heizt eine Folk-Band mit Herz-Schmerz-Songs ein! Doch nicht nur zum Essen kommt man nach Órzola: Vom Hafen starten fast stündlich kleine Fähren zur Nachbarinsel La Graciosa.

INSIDER-TIPP
**Tönende Taverne**

In der Nähe des Dorfs liegen einige schöne Strände. Die spektakuläre *Playa de la Cantería* unterhalb des steil aufragenden Famara-Massivs lässt sich mit einer Wanderung erreichen. Südöstlich von Órzola kannst du nur wenige Schritte abseits der LZ 1 ebenfalls herrliche *playas* entdecken: die Sandstrände rund um *Caletón Blanco*. Pittoresk ist dort der Kontrast zwischen den schwarzen Lavafelsen und dem beinahe weißen Sand. Wegen der flachen, geschützten Buchten ist das Wasser mehrere Grad wärmer als anderswo.

INSIDER-TIPP
**Weiß, weißer, am weißesten**

Verlass den Ort auf der LZ 204 Richtung Yé, dann erreichst du nach knapp 2 km *Granja Las Pardelas (tgl. 10–18 Uhr | Eintritt 4,50, Kinder 3,50, Eselritt 3,50 Euro | La Quemadita 88 | Órzola | pardelas-park.com | 60 Min.)*, einen kleinen Streichelzoo mit Ziegen, Hasen, Pferd und Eseln. Auf Letzteren kann geritten werden. Anschließend können Kinder ihre Eindrücke töpfernd verarbeiten. Ein Stück weiter lohnt noch ein Stopp: Auf der Aloe-vera-Plantage *Lanzaloe (Mo–Sa 11–17 Uhr | C/ La Quemadita 96 | lanzaloe.com | 20 Min.)* erfolgen sowohl Anbau als auch Verarbeitung der Pflanze ohne Einsatz von Chemie – und du darfst gratis Aloe-vera-Kulinaria sowie -Kosmetika probieren. | *H4*

# LA GRACIOSA

*(G3–4)* **Wer von Órzola zur kleinen Insel ★ La Graciosa übersetzt, kann leicht seekrank werden: Während der ersten zehn Minuten der Überfahrt geht es im offenen Atlantik meist recht wild zu.**

Die Meerenge El Río beschert dem Fährboot dann jedoch ruhigeres Gewässer – und du hast einen wunderbaren Blick auf die senkrecht aus dem Meer ragenden Klippen. Die Insel La Graciosa ist ein sympathisches Relikt aus der Vergangenheit. So oder so ähnlich sah es überall auf den Kanaren aus, ehe der Tourismus einsetzte. Der Hauptort *Caleta del Sebo* besteht aus einigen schmucklosen Häusern und wenigen rechtwinklig angelegten Straßen, die alle ungeteert sind. Doch die Zeit ist auch an der „Anmutigen" nicht spurlos vorübergegangen. Mittlerweile bewirten mehrere Res-

Heute schon frischen Fisch gekauft? In Órzola findest du bestimmt welchen

taurants die vielen Tagesausflügler, in fast jedem Haus werden Apartments vermietet, es gibt einen gut sortierten Supermarkt und eine Disko. Freilich hat das alles mit (Massen-)Tourismus à la Lanzarote noch immer wenig zu tun. Die *Playa de Francesa*, die *Playa de la Cocina* und vor allem die im Norden liegende *Playa de las Conchas* (s. S. 60) zählen zu den schönsten und einsamsten Stränden der Kanaren. La Graciosa ist also ein Rückzugsort von wenigen Strandläufern, Wanderern, Vogelbeobachtern und Ruhesuchenden – noch jedenfalls.

Personenfähren (Autos werden nicht transportiert): *Líneas Marítimas Romero (tgl. von Órzola 8.30, 10, 11, 12, 13.30, 16, 17 und 18, von La Graciosa 8, 10, 11, 12.30, 15, 16 und 17 Uhr, zusätzl. Verbindungen im Sommer | Überfahrt hin und zurück 20 Euro, mit Bustransfer ab Hotel in den Ferienorten 29 Euro | Tel. 9 02 40 16 66 | lineas-romero.com)*

## ESSEN & TRINKEN

Wer keinen Fisch mag, ist auf der Insel auf verlorenem Posten. Alle Restaurants servieren den frischen Fang schnörkellos *a la plancha* (auf heißer Metallplatte) gebraten. Mit Hafenblick isst du im *Varadero (€€)*, das *Girasol Playa (€€)* thront gleich über dem Ortsstrand. Natürlich mischt auch Romero, der Reeder der Mini-Fähren-Flotte, in der Gastroszene mit. Sein Restaurant heißt – wie sollte es anders sein – *El Marinero (€€)*, der „Seemann".

## WANDERUNGEN

Auf La Graciosa sind eine ganze Reihe von Wanderungen möglich. Wer es sich konditionell zutraut, kann einen der Vulkankegel über eine flachere Seite ersteigen, so etwa die *Montaña del Mojón* in der Inselmitte und die *Montaña Bermeja* im Norden. Als nicht allzu anstrengende Wanderungen auf eigene Faust bieten sich zwei abwechslungsreiche Rundtouren an:

### NORDROUTE

Durch die Mitte der Insel führt von Caleta del Sebo aus ein Fahrweg zwischen den Vulkankegeln der Montaña del Mojón und den Agujas Grandes hindurch direkt bis zur Playa de las Conchas. Der Strand – karibisch weiß und von Klippen flankiert – gilt als einer der schönsten der Kanaren. Umwerfend ist der Blick auf die vorgelagerte Insel Montaña Clara. Baden ist allerdings auch für geübte Schwimmer wegen starker Wellen und Strömungen gefährlich. Und Baywatcher gibt es nicht ... Wende dich unterhalb der Montaña Bermeja zur Nordküste, dann erreichst du die spektakuläre Dünenlandschaft bei der *Playa Lambra.* Erstaunlich sind hier die Abermillionen Schneckenhäuser, die stellenweise den Sandboden fast völlig bedecken. Zurück geht es über den nicht ständig bewohnten Ort *Pedro Barba* und dann zum Hafen von Caleta. *Ca. 16 km/4 Std.*

### SÜDROUTE

Auf der Südroute verlässt du Caleta del Sebo entlang dem Hafenbecken und erkennst gleich bei der hübschen *Playa del Salado* eine Piste, der du folgst. Weiter südlich belohnen zwei noch schönere Strände, die *Playa de Francesa* und die *Playa de la Cocina,* für die Wanderung in der heißen Sonne. Beide sind mit herrlich weichem, weißen Sand bedeckt, über den man ins kristallklare Wasser steigt. Weiter geht es etwas zurück und dann landseitig unterhalb der Montaña Amarilla, des „gelben Bergs", vorbei zur Westküste. Dort triffst du wieder auf einen Fahrweg, der zuerst an Gemüsefeldern vorbei und dann, mit der Montaña del Mojón immer rechter Hand, nach Caleta del Sebo zurückführt. *Ca. 10 km/2,5 Std.*

# TEGUISE

*(F7–8)* **Wenn du nach ★ Teguise (17 000 Ew.) kommst, dann ist das wie eine Reise in die Vergangenheit: Adelshäuser mit hohen**

**Holzportalen grüßen, durch enge Gassen gelangst du zu ehrwürdigen Kirchen und weiten Plätzen.** Wenig deutet darauf hin, dass fast 600 Jahre seit der Gründung der Real Villa de Teguise, der königlichen Stadt von Teguise, vergangen sind. Maciot de Béthencourt baute 1428 die erste Kolonialstadt der Kanaren auf den Resten einer noch älteren Majosiedlung, und benannte sie nach seiner Frau, einer Majoprinzessin. Bis 1852 blieb Teguise Inselhauptstadt. Mächtige Familien wie die Herrera und Feo Peraza errichteten hier Stadtpaläste.

Warum dort oben, fern der Küste? Diese Frage ist durchaus naheliegend, schließlich fegen kühle Passatwinde durch die Straßen, oft hängen die Wolken tief, stets ist es kälter als am Meer. Doch schon die Ureinwohner wussten, was sie taten: Im Winter schoss der lebensnotwendige Regen vom benachbarten Berg Guanapay herab, gesammelt wurde er in einer riesigen unterirdischen Zisterne, der Gran Mareta. Die Spanier wiederum glaubten sich im Binnenland sicherer vor Piratenangriffen, zumal sie auf den Schutz jener mächtigen Burg bauten, des Castillo Santa Bárbara, die sie nebenan auf dem Guanapay errichteten. Doch weit gefehlt! Immer wieder wurde Teguise von der See her angegriffen. Eine Tafel in der „Blutgasse", dem *Callejón de Sangre* hinter der Pfarrkirche Nuestra Señora de Guadalupe, erinnert an ein Massaker, das algerische Piraten 1586 verübten. 1618 brannten Seeräuber den Ort gar komplett nieder. Die ältesten erhaltenen Gebäude stammen daher erst aus dem 17. Jh. Ihrer Schönheit tut dies keinen Abbruch: Seit 1973 steht der historische Ortskern mit seiner einmaligen Architektur unter Denkmalschutz.

Und immer wieder liegt ein Vulkankegel am Weg: Wandern auf La Graciosa

Heute lebt Teguise zwei Leben. Wochentags ist es gemütlich: Zu den Einheimischen und den vielen hier lebenden Ausländern gesellen sich Tagesausflügler, die die stilvollen bis szenigen Lokale bevölkern und in den netten Läden stöbern. Sonntags dagegen platzt Teguise aus allen Nähten. Dann ist Markttag. Der *mercadillo* ist eine der großen Attraktionen Lanzarotes. Zu Tausenden werden die Urlauber in Bussen herangekarrt, Dutzende von Händlern verhökern Nippes aus aller Welt. Folkloregruppen spielen zur Unterhaltung auf. Straßen und Plätze, ja der ganze Ort gleicht nun einem Basar. In den Bars rangeln die Besucher um Getränke, die an diesem Tag oft teurer sind, als auf der Insel üblich. Die Gran Mareta, der weite Platz über den Zisternen hinter der Pfarrkirche, steht rappelvoll mit Imbissbuden. Obwohl der Trubel mit authentischem Inselleben nichts zu tun hat, ist der *mercadillo* (s. S. 65) doch für viele ein Erlebnis, denn ein solch turbulentes Treiben gibt es nirgends sonst auf Lanzarote. Erst Sonntagabend kehrt Ruhe ein – und montags geht alles wieder seinen gemütlichen Gang.

## SIGHTSEEING

### CASTILLO SANTA BÁRBARA

Schon von Weitem lässt der Anblick der Trutzburg an Ritter und Räuber denken. Man erreicht das Castillo über eine Asphaltstraße, die von der Landstraße Richtung Haría am Ortsende nach rechts abzweigt. Die Festung wurde im 16. Jh. zum Schutz vor Piratenüberfällen erbaut, bis zu 1000 Menschen fanden hinter ihren Mauern Zuflucht. Der Weg ins Innere führt über eine freistehende Steintreppe mit Zugbrücke. In den Räumen der Burg wurde das *Museo de la Piratería (tgl. 10–16 Uhr | Eintritt 3 Euro, Kinder frei | museodelapirateria.com | 30 Min.)* eingerichtet. Schiffsmodelle, Kanonen und Waffen erinnern an die Überfälle, die Lanzarote auszuhalten hatte. Verpass nicht, aufs Dach der Anlage zu steigen: Von dort oben eröffnet sich ein herrlicher Blick über die Nordhälfte der Insel.

### LA CILLA

Dieses einstige Zehnthaus, erbaut im 17. Jh., nahm früher das Steuergetreide auf, das Lanzarote dem Bischof auf Gran Canaria abzuliefern hatte. Heute befindet sich darin ein großer Kunsthandwerksladen.

### CONVENTO DE SAN FRANCISCO

Schauen statt beten: In der ehemaligen Klosterkirche ist heute ein Museum für sakrale Kunst untergebracht. Ringsum stehen dramatisch inszenierte, ausdrucksvolle Heiligenfiguren. Einen Blick lohnt auch die Architektur: Toll sind die mit kunstvollen Holzdecken überspannten Kirchenschiffe! *Di–Sa 9.30–16.30, So 10–14 Uhr | Eintritt 2 Euro | Plaza San Francisco | 20 Min.*

### CONVENTO DE SANTO DOMINGO

Kunst in der Kirche gibt's auch im ehemaligen Dominikanerkloster. Herrliche Holzdecken, weiß gekalkte Wände und ein protzig-bunter Rokokoaltar sind der Rahmen für wechselnde Aus-

Zum Sonntagsmarkt strömt die halbe Insel nach Teguise

stellungen. *So–Fr 10–15 Uhr | Eintritt 1,50 Euro | ⏲ 15 Min.*

### GRAN MARETA

Diese einst größte Zisterne Lanzarotes speicherte in früheren Zeiten Regenwasser. Später versandete sie, wurde mit Inbetriebnahme der Meerwasserentsalzungsanlagen überflüssig und schließlich zubetoniert. Heute dient der weite Platz hinter der Pfarrkirche für Veranstaltungen und bietet den Ständen des großen Sonntagsmarkts Raum.

### IGLESIA DE NUESTRA SEÑORA DE GUADALUPE

Wenn du genug hast vom trubeligen Sonntagsmarkt, findest du hier einen Ort der Ruhe: Die ursprünglich im 15. Jh. erbaute und nach der Zerstörung durch Piraten 1680 neu errichtete Pfarrkirche an der Plaza de la Constitución ist der sowohl in Spanien als auch in Südamerika verehrten Jungfrau von Guadalupe geweiht. In den hellen Kirchenschiffen stechen die bunt bemalten Heiligenfiguren ins Auge. Die imposante Fassade mit dem mächtigen Turm aus Naturstein trägt wesentlich zur schönen Stimmung auf der Plaza bei.

### PALACIO MARQUÉS DE HERRERA Y ROJAS

Äußerlich unscheinbar, innen mit schönem, überdachtem Innenhof: Im Palast (1455) stellt die örtliche Handwerksschule aus. Der Eintritt ist kostenlos, es können allerdings nicht alle Räume besichtigt werden. *Mo–Fr 8–15 Uhr | C/ José Betancort*

### PALACIO DE SPÍNOLA/ CASA MUSEO DEL TIMPLE

Adelshaus mit überraschendem Innenleben: Das wertvollste Schmuckstück des alten Teguise ist dieser Pa-

Ein stolzer Löwe wacht in Teguise neben der Pfarrkirche über die Plaza de la Constitución

last (1730–80 erbaut). Beeindruckend sind die Innenhöfe, die Hauskapelle und die original erhaltene Küche. Noch eindrucksvoller ist das in den herrschaftlichen Räumen des Palacio de Spínola untergebrachte Timple-Museum: Es präsentiert Saiteninstrumente aus aller Welt, die mit der kanarischen Timple, einem fünfsaitigen Instrument, das der Ukulele ähnelt, verwandt sind, und lässt ihre Klangwelten akustisch aufleben.
In einer Werkstatt wird außerdem veranschaulicht, wie aufwendig der Instrumentenbau ist. Im Rahmen von Konzerten geben Timple-Meister hin und wieder Kostproben ihres Könnens. *Mo–Sa 9–16.30, So 9–15.30 Uhr | Eintritt 3 Euro, Kinder bis 12 Jahre frei | casadeltimple.org | 30 Min.*

## PLAZA DE LA CONSTITUCIÓN

Die schönsten Beispiele kolonialer Architektur sind am Hauptplatz vereint: die Pfarrkirche Iglesia de Nuestra Señora de Guadalupe, der ehemalige Kornspeicher La Cilla sowie der von zwei Löwen bewachte Palacio de Spínola. Für etwas Schatten sorgen Palmen und Lorbeerbäume.

# ESSEN & TRINKEN

## ACATIFE

Einer der Klassiker unter Lanzarotes Restaurants, untergebracht in altehrwürdigen Gemäuern. Deftige, traditionelle Kost wird hier serviert. Probier unbedingt das Kaninchen in Rotweinsauce *(conejo al vino tinto)*! *Mo geschl. | C/ San Miguel 4 | Tel. 928845037 | €€*

### BODEGA SANTA BÁRBARA
In der kleinen Bodega gibt's Weine und Snacks im Mini-Patio, drinnen weitere Gerichte. Die in der Vitrine ausgestellten Tapas lassen dir das Wasser im Mund zusammenlaufen! *Di geschl. | C/ La Cruz 5 | Tel. 928594841 | €€*

### LA CANTINA
Die traditionsreiche „Kantine" im historischen Haus bietet kanarische Klassiker mit Pfiff. Dazu gibt's am Wochenende oft Livemusik. *Tgl. 11–23 Uhr | C/ León y Castillo 8 | Tel. 620856064 | cantinateguise.com | €–€€*

### HESPÉRIDES
In einem alten Stadthaus (Casa León) liegt das kleine Restaurant, in dem aus lokalen Produkten phantasievolle Gerichte gezaubert werden. Frag den Küchenchef, was er heute empfiehlt. Nichts falsch machen kannst du mit Olivenbrot und Tapas, Ziegenkäse und Schinken – alles hübsch angerichtet. *So-Abend geschl. | C/ León y Castillo 3 | Tel. 928593159 | hesperides-restaurant.negocio.site | €€*

### IKARUS
In der Gastrobar am stimmungsvollen Platz bekommst du ausgefallene Tapas und guten Inselwein. Während des Sonntagsmarkts spielt im Hofgarten eine Salsaband. *Mo geschl. | Plaza Clavijo y Fajardo 6 | Tel. 928845701 | €€*

## SHOPPEN

Teguise war schon immer ein Zentrum kanarischer Kultur. In den vergangenen Jahren sind zudem Künstler und Kunsthandwerker aus Mitteleuropa zugezogen. Die Läden im Ort haben eine große Auswahl an Handwerk, Schmuck und Gemälden.

### LA LONJA EXCLUSIVA
Der kleine Laden verkauft autorisierte Kopien von Werken César Manriques. *Plaza de 18 de Julio*

### MERCADILLO
Der große Sonntagsmarkt ist perfekt zum Stöbern. Hier findest du neben Kunst und Kitsch auch Alltagsartikel wie Secondhandkleidung, Schuhe oder Obst. Und Leckeres aus bäuerlicher Produktion – direkt vom Erzeuger: die pikante Paprikawurst *chorizo* etwa oder *turrón,* eine Mandelsüßigkeit. Auch exotische Schnäpse, Liköre und Marmeladen sind im Angebot – fast immer darf gratis gekostet werden. Von den Ferienzentren und Arrecife aus verkehren Busse, die PKW-Parkplätze vor der Stadt sind kostenpflichtig. *So 9–14 Uhr*

### TIMPLE-WERKSTATT ANTONIO LEMES HERNÁNDEZ
Antonio Lemes Hernández ist einer der letzten Handwerker, der die kanarischen Gitarren, die Timples, baut. Etwa 15 Instrumente verschiedener Größen, von der Mini-Timple bis zur Kontratimple, setzt er schon sein Leben lang Monat für Monat in seiner Werkstatt zusammen – ein schönes, aber nicht billiges Souvenir: Ein Standardinstrument kostet rund 200 Euro, aufwendigere Modelle mit Perlmutteinlagen und Intarsien 400–500 Euro. *C/ Flores 8*

# RUND UM TEGUISE

### 7 LAGOMAR

*2 km südl. von Teguise/5 Min. per Auto über die LZ 10*

In einem ehemaligen Steinbruch in Nazaret verbirgt sich dieses exzentrische, festungsartige Anwesen. Sein erster Besitzer war in den 1970er-Jahren der Schauspieler Omar Sharif („Dr. Schiwago"), der es bei einem Bridgespiel verloren haben soll …

Heute ist das Haus u. a. ein *Museum (Di–So 10–18 Uhr | Eintritt 6 Euro | 30 Min.):* Du kannst durch Höhlen und Tunnel laufen, die auf unterschiedlichen Ebenen rings um einen künstlichen Teich angeordnet sind, und passierst dabei den „Sharif-Raum". Filmplakate zeigen den Schauspieler, auch ein Foto jener verhängnisvollen Bridgepartie ist ausgestellt. Im *Caférestaurant (Mo geschl. | €–€€)* kannst du dich mit Tapas und Tagesgerichten stärken, abends wird fein mediterran diniert. Ideal zum gehobenen Chillen ist die Höhlenbar im Loungestil *La Cueva (Mo geschl.),* die ab 20 Uhr mit raffiniertem Licht und Sound begeistert. | *F8*

### 8 LA CALETA DE FAMARA

*12 km nördl. von Teguise/15 Min. per Auto über die LZ 402*

Eine Surferhochburg und Refugium für alle, die ihren Urlaub abseits des Massentourismus verbringen wollen, ist der Ort La Caleta de Famara. Für Leib und Seele ist freilich auch hier gesorgt: In der *Croissantería (tgl. | €)* frühstücken die Surfer. Den besten Blick aber hast du vom Restaurant El Risco *(Mo geschl. | C/ Montaña Clara 36 | Tel. 9 28 52 85 50 | restauranteelrisco.com | €€€),* das einst einem Bruder César Manriques gehörte. Heute haben es andere Pächter übernommen und aufgefrischt. Geblieben sind der blau-weiße Anstrich, das wundervolle Panorama der Famara-Klippen und das wilde Meeresrauschen.

Gesund und günstig isst du im *El Sibarita (Mo geschl. | Av. El Marinero 128, am westl. Ortsrand | Tel. 9 28 52 85 31 | €–€€).* Lipez und Eduardo servieren vegane und vegetarische Gerichte in szenigem Ambiente, als da wären Quinoaschnitzel und Tofuburger, tolle Salate und Gofio-Crêpes mit Kaktuskonfitüre – alles auch zum Mitnehmen. Dazu (Bio-) Weine von der Insel und zur Verdauung diverse Kräutertees. Die Playa de Famara ist der längste Strand auf Lanzarote und auch landschaftlich am schönsten eingebettet: unterhalb des schroffen Famara-Massivs, umgeben von Dünen und dem anbrandenden Atlantik. Doch zum Baden ist er zu gefährlich, fast immer weht die rote Fahne, was bedeutet: „Baden verboten"! Gefährliche Strömungen fordern jedes Jahr Menschenleben. | *F–G6*

**INSIDER-TIPP**
**Veggies willkommen!**

### 9 ERMITA DE LAS NIEVES

*13 km nördl. von Teguise/10 Min. per Auto über die Bergstraße LZ 10*

Schneeweiß thront die Wallfahrtskapelle hoch oben auf dem Risco de Fa-

mara. Die meist verschlossene Kapelle *(Messe Sa 17 Uhr)* ist der *Virgen de las Nieves* gewidmet, der „Jungfrau des Schnees": Die Jungfrau wird seit alters um den auf Lanzarote so seltenen Regen angefleht.
Nur wenige Meter entfernt erlebst du einen der herrlichsten Panoramablicke der Insel. Fast senkrecht fallen die Klippen spektakulär 600 m ins Meer. Gut zu sehen sind von hier aus die Inseln La Graciosa und Montaña Clara, die Playa de Famara, Teguise und die Timanfaya-Vulkane. | *G7*

### 10 HARÍA ★

*18 km nördl. von Teguise/18 Min. per Auto über die Bergstraße LZ 10*

Afrikanisch mutet es an, wenn plötzlich vor dir das Tal der 1000 Palmen am Fuß der Famara-Berge auftaucht: Unzählige breitkronige Kanarische Palmen stehen zwischen weißen, flachen Häusern. Haría (5000 Ew.) ist der freundlichste Ort Lanzarotes, hier leben die Menschen wie einst. Kein Wunder, dass sich César Manrique im Alter nach Haría zurückzog und hier begraben liegt. Sein Haus, ein Anwesen im traditionellen Lanzarote-Stil, kann besichtigt werden: Die luxuriösen Wohnräume und das Atelier im *Casa Museo César Manrique (tgl. 10.30–18 Uhr | Eintritt 10 Euro | C/ Elvira Sánchez 30 | fcmanrique.org)* wirken so, als habe sie César Manrique gerade erst verlassen ...
Wer sich durch das Dorf treiben lässt, entdeckt in verträumten Gassen alte Villen mit üppig begrünten Patios, kleine Geschäfte und Bars. Die *Plaza León y Castillo* vor der Ortskirche mit ihren Birkenfeigenbäumen ist ideal zum Entspannen. Das kleine *Museo*

Schneejungfrau mit Aussicht: Das Meer versteckt sich hinter der Ermita de las Nieves

Und was ist das dahinten? La Graciosa! Blick vom Mirador del Río

*Sacro Popular* am Platz neben der Kirche zeigt in einem schönen alten Haus Heiligenskulpturen und -gemälde – allerdings ist es nur während des Samstagsmarkts geöffnet.

Im Handwerkszentrum *Taller Municipal de Artesanía (Sommer Mo–Sa 10–13 u. 15–17, Winter 10–13 u. 16–18 Uhr)* nahe der Plaza de la Constitución wird getöpfert, gewebt und gestickt. Verkauft wird die arbeitsintensive Ware auf dem *Samstagsmarkt (mercadillo),* wo sich viele weitere Kunsthandwerker einfinden. Auch Kulinarisches wird angeboten, z. B. Bioziegenkäse aus Haría, hergestellt von einer deutschen Familie. Die Stadtgalerie *El Aljibe (Eintritt frei | unregelmäßig geöffnet)* lohnt unbedingt einen Blick. Du befindest dich in einem ehemaligen Wasserspeicher unter der Plaza de la Constitución – ein super Ort für Kunstausstellungen. Gut für einen Kaffee und Tapas ist *La Sociedad Bar Tegala (tgl. | Tel. 696900652 | €)* auf der schattigen Plaza. Feiner speist du etwas abseits im *Puerta Verde (tgl. 13–22 Uhr | C/ Fajardo 24 | Tel. 928835350 | €€)*: Hausgemacht sind dort Pasta, Eis und Kuchen; gewürzt wird mit Kräutern aus dem Garten. | *G6*

INSIDER-TIPP **Alles Ziege!**

INSIDER-TIPP **Wildes Aroma**

## 11 MIRADOR DE GUINATE

*23,5 km nördl. von Teguise/20 Min. per Auto über die Bergstraße LZ 10/ LZ 201*

Kaum weniger spektakulär als am Mirador del Río (s. re.) – aber gratis! – ist der Blick vom Mirador de Guinate in der Nähe des gleichnamigen Dorfs.| *G5*

## 12 MIRADOR DEL RÍO ★

*27,5 km nördl. von Teguise/25 Min. per Auto über die Bergstraße LZ 10 / LZ 201*

Sagenhaft ist die Aussicht von der ehemaligen Festungsanlage Batería del Río im äußersten Norden Lanzarotes. In 479 m Höhe balanciert der Bau auf der Steilküste, mit traumhaftem Blick auf die Inseln La Graciosa und Alegranza. Lass ihn bei einem Drink ruhig ein bisschen länger auf dich wirken! Die Anlage von 1974 war eines der ersten Werke Manriques. Sie passt sich perfekt in die Umgebung ein. *Tgl. 10–17.45 Uhr | Eintritt 4,75 Euro |* 30 Min. | *G4–5*

## 13 YÉ

*26 km nördl. von Teguise/25 Min. per Auto über die Bergstraße LZ 10/ LZ 201*

Unter dem monumentalen Panorama des verwitterten Monte Corona klebt das Dörfchen Yé gut 400 m hoch am Berghang. Treff ist das Restaurant *Volcán de la Corona (Mo geschl. | Tel. 928526516 | €€)* nahe dem Abzweig zum Mirador del Río. Bei der Weiterfahrt Richtung Órzola/Arrieta passierst du die Zufahrt zu einem urigen Weingut, das ebenfalls nach dem Vulkan benannt ist. In der *Bodega Monte Corona (tgl. 11–18 Uhr)* kann außer Wein auch gratis Kaktuslikör gekostet werden – er leuchtet herrlich purpurrot und schmeckt leicht herb. In der Bodega wird noch alles manuell gemacht – von der Lese bis zum Pressen und der Flaschenfüllung – und ganz ohne den Einsatz synthetischer Fremdstoffe. | *G5*

**INSIDER-TIPP**
**Wie wär's mit knallrotem Hochprozentigem?**

### SCHÖNER SCHLAFEN IM NORDEN

**EIN HAUCH VON AFRIKA**

Wer Ruhe sucht, findet auf Lanzarote keinen besseren Ort: Das *Lotus del Mar (C/ El Cangrejo 31 | Mala | Tel. 928529589 | lotus-del-mar.com | €–€€)* bietet komfortable Apartments und Casitas im Manrique-Stil: außen strahlend weiß, innen luftig und liebevoll eingerichtet. Marlene und Santa María – in diesem Häusern ist man dem Meer am nächsten. Und landeinwärts steht eine Pyramide: Hier finden Workshops, Meditationen und Yogakurse statt.

# PUERTO DEL CARMEN UND DIE MITTE

## HINTERLAND: WINZERLAND

**Der Weinstock liegt zwei Meter tief in einem Trichter und wird von einer fein geschichteten, halbrunden Mauer umgrenzt. Der Boden ist schwarz, die grüne Pflanze leuchtet so vor dem dunklen Hintergrund, als sei sie eine billige Plastikimitation.**

Kein Spleen eines Kleingärtners, sondern geschickt gewonnenes Kulturland: Tausende von Weinstöcken ducken sich so in ihre Krater, jeder durch eine Trockenmauer geschützt. Wie das Werk eines Grafikdesigners sieht das Weingebiet La Geria aus und wirkt so surreal,

Science Fiction? Nein, Weinanbau der anderen Art: Lavafeld bei La Geria

dass es das New Yorker Museum of Modern Art zur Landschaftskunst erklärt hat. Auch bis zur Küste zwischen La Santa und Sóo gilt für Land und Leute der Rhythmus alter Traditionen. Von dort kommen fruchtige Tomaten und scharfe Zwiebeln, die jede *ensalada mixta* zu einem Ereignis machen. Die Felder sind parzelliert, die grün-weißen Dörfer gut in Schuss. Eine ganz andere Welt entstand an der Ostküste in Puerto del Carmen. Dort herrscht Tourismus hoch drei, und alles ist international – vom Publikum bis zur Gastroszene.

# PUERTO DEL CARMEN UND DIE MITTE

## MARCO POLO HIGHLIGHTS

★ **LA GERIA**
In der vielleicht ungewöhnlichsten Weinregion der Welt laden viele Bodegas zu Probeschlückchen ein
➤ S. 79

★ **CASA MUSEO DEL CAMPESINO**
Das „Haus des Bauern" ist von traditioneller Architektur inspiriert. Und in Workshops wird fleißig gewerkelt
➤ S. 80

★ **MUSEO AGRÍCOLA EL PATIO**
Hier ist Lanzarotes bäuerliche Vergangenheit noch präsent: Dromedare ziehen den Pflug, die Bodega sieht aus wie vor 100 Jahren
➤ S. 81

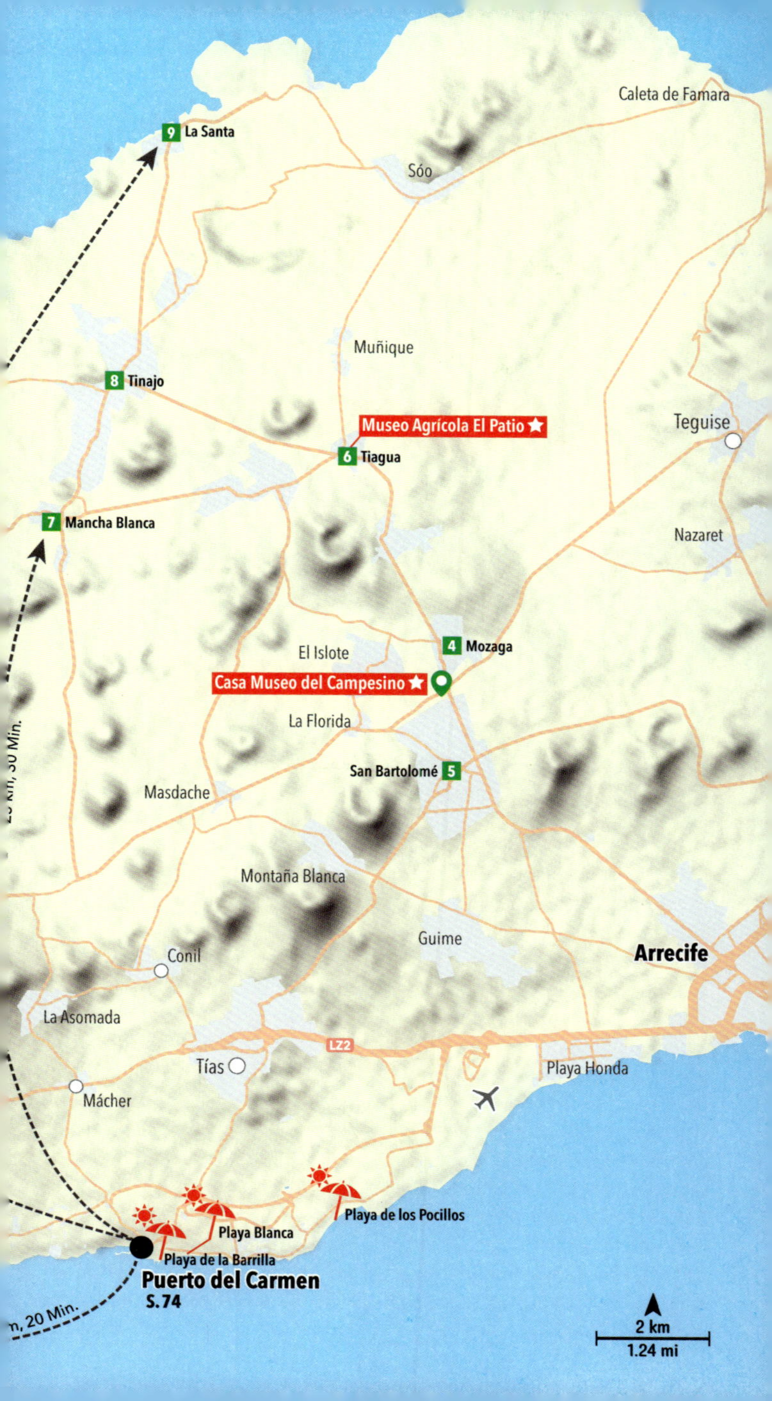
Caleta de Famara
9 La Santa
Sóo
Muñique
8 Tinajo
Museo Agrícola El Patio
6 Tiagua
Teguise
7 Mancha Blanca
Nazaret
4 Mozaga
El Islote
Casa Museo del Campesino
La Florida
San Bartolomé 5
Masdache
Montaña Blanca
Guime
Arrecife
Conil
La Asomada
LZ2
Tías
Playa Honda
Mácher
Playa de los Pocillos
Playa Blanca
Playa de la Barrilla
Puerto del Carmen
S.74
20 Min.
2 km
1.24 mi

# PUERTO DEL CARMEN

*(□ D10)* **Das einstige Fischerdorf Puerto del Carmen (3000 Ew.) hat sich zu einem Tourismuszentrum ersten Rangs gemausert. Es teilt sich in ein älteres Viertel um den Fischerhafen und ausufernde Feriensiedlungen mit insgesamt 35 000 Betten im Norden.**

Der wichtigste Grund für die rasante Entwicklung der Stadt zu einem Ferienort sind die grandiosen Strände mit sauberem Wasser. An ihnen entlang zieht sich die mehr als 7 km lange, verkehrsberuhigte Promenade *Avenida de las Playas*. Während der Blick zur Küste mit Palmengrün und Sandgelb das Auge erfreut, reiht sich landeinwärts eine schier endlose Kette von Bars und Restaurants, Spielsalons und kleineren Einkaufszentren. Doch wer die große Sause entlang der Strandpromenade in Richtung obere Ortsteile verlässt oder in einem der großen, zur Straße hin abgeschirmten Hotels wohnt, der findet durchaus auch ein ruhiges Urlaubsplätzchen.

Puerto del Carmen bietet jedem etwas. Im alten Ortskern am Fischerhafen herrscht das Alltagsleben der Lanzaroteños. Wie in alten Zeiten sortieren die Fischer morgens neben ihren Booten den Fang der letzten Nacht. Tagsüber treffen sich stets ein paar Angler an der Kaimauer, und abends, im weichen Licht der untergehenden Sonne, holen Petanquespieler ihre Eisenkugeln für ein Spielchen heraus. Und wenn in der kleinen Kirche Nuestra Señora del Carmen, die man zwischen lauter Fischrestaurants kaum mehr findet, die Messe beginnt, dann stehen die Gläubigen bis hinaus auf die Straße – Einheimische wie Fremde.

## ESSEN & TRINKEN

Mehr als 200 Restaurants zählt Puerto del Carmen. Nicht alle sind allerdings gut: Vor allem an der Avenida de las Playas sind die Lokale nur auf schnellen Umsatz aus. Kanarische Küche mit fangfrischem Fisch bieten die Lokale am Fischerhafen.

### BLOOMING CACTUS

In dem vegetarisch-veganen Bistro oberhalb des Hafens kannst du griechisch inspirierte Tapas snacken – gesund, frisch und gut! *Di–So ab 18 Uhr | C/ Teide 35 | Tel. 6 08 29 38 37 | bloomingcactus.co.uk | €*

### CARMENCITA DEL PUERTO

Bei Álvaro und Irena passt alles: das informelle, heitere Ambiente, die frisch zubereiteten, fantasievollen Tapas und der freundschaftliche Service. Es gibt nur sieben Terrassentische, deshalb besser reservieren! *Mo–Sa ab 19 Uhr | Av. de Las Playas | C.C. Marítimo | Tel. 9 28 51 23 18 | €€*

### CASA ROJA

Schöner kannst du den Sonnenuntergang kaum genießen: Auf einer lang gezogenen Terrasse sitzt du einige Meter oberhalb des alten Hafenbeckens. Romantisch! *Tgl. | Av. del Varadero 22 | Tel. 9 28 51 07 03 | €€*

### COFRADÍA DE PESCADORES LA TIÑOSA

Frischer Fisch direkt von den Fischern: Sie bringen ihren Fang zuallererst zu ihrer Genossenschaft *(cofradía)*. Dort wird er unmittelbar vor den Terrassentischen gesäubert und ausgenommen und anschließend *a la plancha*, also auf der heißen Platte, gebraten. Nirgends sitzt du näher bei den ein- und auslaufenden Booten! *Tgl. | Plaza del Varadero | Tel. 6 60 43 35 78 | €€*

### MARDELEVA

Ruhig, aber mit Meerblick dank der versteckten Lage oberhalb des Hafens: Umweht von einer kühlen Brise vom Atlantik, genießt du gute Fischgerich-

Klar Schiff für die nächste Tour: Fischerboote vor Puerto del Carmen

Nach dem Shoppen zum Baden zwischen Lavafelsen und Palmen: Puerto del Carmen

te, ordentliche Tapas und Lanzarote-Wein. *Tgl. ab 10.30 Uhr | C/ los Infantes 10 | Tel. 928 51 06 86 | €€*

## VINO + LANZAROTE

Erst gab es einen Wein- und Delikatessenladen, doch dann wollten Besucher all die Leckereien vor Ort probieren. So eröffneten Frau Hanneke und Señor Miguel nebenan eine Tapasbar mit besten Inseltropfen, glasweise ausgeschenkt, und dazu feine Tapas – von frittierten Auberginen mit Palmhonig bis zu iberischem Schinken. Zweimal wöchentlich gibt's abends Livemusik, dann bitte reservieren! *So geschl. | C/ Timanfaya s/n, C.C. Playa Blanca L. 14 | Tel. 928 51 69 59 | €*

INSIDER-TIPP
Wein & Vibes

# SHOPPEN

## BIOSFERA PLAZA

Für Shopaholics: Im kleinen, schicken Einkaufszentrum aus Chrom und Glas findest du viel Spanisches: Mode von Blanco, Bershka, Sfera und Zara, Leder-Accessoires von Piel de Toro und Kosmetika von Aloe Plus. *Av. Juan Carlos 15 | oberhalb des Hafens | biosferaplaza.es*

## CHEVERE

Einer der wenigen Schmuck- und Souvenirläden, die noch nicht vom Einkaufszentrum Biosfera „geschluckt" wurden! Hier findest du auch Schmuck mit dem grün schillernden Olivin. *Av. de las Playas 45 | Tel. 928 51 23 38 | facebook: Chevere JR*

## SPORT & SPASS

Was gibt es Schöneres auf einer Insel, als sich ins Boot zu setzen? Der Wasserbus schippert mehrmals täglich zum benachbarten Küstenort Puerto Calero *(6 Euro eine Richtung | lineasromero.com)*. Dort könntest du in ein U-Boot umsteigen. Ein- bis sechsstündige Bootsausflüge sind auf der Yacht *Maype* möglich *(inkl. Schnorcheltrips und Mittagessen ab 35 Euro | seafunlanzarote.com)*. Adrenalinsüchtige gehen in die Luft: Am Fallschirm segeln sie bei *Paracraft Lanzarote (50 Euro/10 Min. | Paseo de la Barrilla | Tel. 928512661 | watersports-lanzarote.com)* an einer Leine hinter einem Speedboot her. Doppelt so teuer ist das Flyboard, das dir eine gute Kondition abverlangt, bedeutend günstiger sind Jet-Boat, Banana-Boat und Crazy Ufo. Letztere machen auch Kindern Spaß!

### RANCHO TEXAS LANZAROTE PARK

Ein Freizeit- und Tierpark für die ganze Familie: Papageien, Raubvögel und Seelöwen zeigen bei Shows Dressurstücke. Und im Siouxdorf können Kinder auf Goldsuche gehen oder Kanu fahren. Wer keinen Mietwagen nutzen möchte, erreicht den Park auch mit einem Buszubringer von Hotels in Puerto del Carmen, Costa Teguise und Playa Blanca (s. Website). *Tgl. 9.30–17.30 Uhr | Eintritt 30 Euro, Kinder (2–14 Jahre) 22 Euro | Puerto del Carmen auf der Calle Noruega Richtung Norden verlassen und die Umgehungsstraße unterqueren | ranchotexaslanzarote.com | halber Tag | D 10*

## STRÄNDE

Wer in Puerto del Carmen nicht ins Wasser geht, ist selbst schuld! Das Filetstück unter den Ortsstränden ist die mehr als 1 km lange *Playa Blanca* (alias *Playa Grande*), die mit schattenspendenden Palmen am Fuß niedriger Klippen verläuft. Darauf folgen in östlicher Richtung die *Playa de los Pocillos* und *Playa Matagorda*, die noch länger sind und an denen weniger Trubel herrscht. An allen drei Stränden kannst du Liegen und Sonnenschirme ausleihen, nach 17 Uhr hast du die Strände fast für dich allein. Noch besser: Die Liegen kosten dann keinen Euro!

**INSIDER-TIPP**
**Sonnenliegen zum Sonnenuntergang**

Wind und Wellen sind bei normaler Passatlage nicht sehr kräftig, sodass das Baden überwiegend gefahrlos ist – auch für Kinder. Etwas versteckt liegt die kleine, aber feine, von zwei Felsrippen flankierte *Playa de la Barrilla* unterhalb des alten Ortskerns nahe beim Hafen.

## AUSGEHEN & FEIERN

Vorglühen kannst du am alten Hafen, feiern an der Avenida de las Playas. Nirgends auf der Insel ist das Nachtleben vielseitiger als hier!

### AMERICAN INDIAN CAFÉ

Disko- und Cocktailbar für 30- bis 50-Jährige mit Liveshows und Videoclips auf Bildschirmen. *Tgl. 10–3 Uhr | Av. de la Playas 35 | american-indian-cafe.com*

### GOLDEN CORNER
Angenehm ruhig – und bei Leuten ab 30 sehr beliebt, auch wegen der großen Cocktailauswahl. *Tgl. ab 22 Uhr | Av. de las Playas 16*

### THE ISLAND LIVE MUSIC BAR
Hier steppt der Bär: Oberhalb des alten Hafens geben internationale Singer-Songwriter Konzerte – und die Gäste swingen mit! *Fr–Mi ab 20 Uhr | C/ Tenerife | islandbarlanzarote.com*

### LA OLA
Zwar ist „die Welle" auch tagsüber geöffnet, doch erst abends, wenn rötliches Licht das marokkanisch inspirierte Interieur beleuchtet, entfaltet sie ihren ganzen Reiz. Leg dich auf eine Bali-Liege hoch über dem Meer oder genieß eine Wasserpfeife im Pavillon! *Tgl. ab 10 Uhr | Av. de las Playas 10*

### RUTA 66
Der große, zur Strandpromenade offene Diskopub ist der angesagteste Spot in Puerto del Carmen. Es gibt mehrere Bars, auf Breitwandbildschirmen läuft Fußball, zu US-Rock kann getanzt werden. *Tgl. ab 22 Uhr | Centro Comercial Arena Dorada | Av. de las Playas*

### STARLIGHT CINEMA
Unterm Sternenhimmel Filme schauen: Auf der Dachterrasse des Einkaufszentrums Biosfera Plaza werden fast jeden Abend Streifen auf Englisch gezeigt. Du liegst entspannt und kannst dir Drinks und Snacks kommen lassen. *Tgl. 18.30 und 20.45 Uhr | C.C. Biosfera Plaza (5. Ebene) | Av. Juan Carlos 15 | rooftopbiosfera.com*

# RUND UM PUERTO DEL CARMEN

### 1 PUERTO CALERO
*3 km westl. von Puerto del Carmen/5 Min. mit dem Auto oder 20 Min. mit dem Wasserbus*

Im Yachthafen machen viele Segler auf ihrer Reise von Europa nach Amerika Station. Auch ohne eigene Yacht lohnt sich ein Abstecher: Spaß macht ein Bummel an der Uferpromenade, die mit goldenen Pollern und einer blau-weißen Häuserzeile ziemlich schick ist. Ausflugsboote bieten Törns an, du kannst fünfstündige *Katamarantouren (tgl. 11–15.30 Uhr | 39–64 Euro | Tel. 928 51 30 22 | catlanza.com)* buchen. Ein U-Boot taucht zum Meeresgrund ab: ☂ *Submarine Safaris (Tauchgänge 10, 11, 12, 14 Uhr | 55 Euro, online günstiger | Tel. 928 51 28 89 | submarinesafaris.com).* Das edle *Restaurant Amura (tgl. | Tel. 928 51 31 81 | restauranteamura.com | €€€)* im Stil einer Südstaatenvilla mit großer Veranda und Palmenterrasse am Ende der Marina bietet phantasievolle Fusionküche. Das Viersternehotel *Costa Calero (Tel. 928 84 95 95 | hotelcostacalero.com)* punktet mit einem ☂ Spa , das auch Tagesgäste nutzen können: Es gibt ein Frigidarium (18°C) und ein Caldarium (über 34°C) sowie einen Pool, der sich flussartig durch den Garten schlängelt – Hydrodüsen sorgen für Massage und schnelle Strömung. | *D10*

Bei der Weinprobe im Tal La Geria bleibt's kaum bei einem Gläschen …

## 2 PLAYA QUEMADA

*13 km westl. von Puerto del Carmen/ 15 Min. per Auto über die LZ 2/LZ 706*

„Verbrannter Strand" bedeutet der Name des kleinen Orts, und viel mehr als einen dunklen, steinigen Strand, einige Häuser und kanarische Restaurants hat er auch nicht zu bieten. Eben deswegen aber fühlen sich Urlauber, die Stille suchen, hier gut aufgehoben. Jenseits des Felsrückens, der bei Flut überschwemmt wird, liegt ein weiterer, kaum besuchter Strand. Du möchtest die Wildheit der Küste noch länger auskosten? Auf ins *Restaurante Salmarina (Av. Marítima 13 | Tel. 928 17 35 62 | salmarinarestaurante.com | €€)*! Hier sitzt du direkt am Wasser in maritim-rustikalem Ambiente und genießt Fisch und Meeresfrüchte ohne Schnickschnack. Wie wäre es mit dünn geschnittenem Tintenfisch *(pulpo a la gallega)*? | *C11*

## 3 LA GERIA ★

*8 bzw. 15 km nördl. von Puerto del Carmen/ 10 bzw. 20 Min. mit dem Auto über die LZ 2 bzw. LZ 30)*

Wie ein Geniestreich von Landschaftsarchitekten wirkt das Weintal La Geria. Die Hauptroute durch die Region führt von Mozaga in der Inselmitte über Masdache bis Uga im Süden.

Das großartige Weinanbaugebiet im Schatten der Feuerberge erschließt sich dir allerdings noch intensiver auf den Nebenrouten – etwa auf der nach La Vegueta. Vor allem dort zeigt sich eindrucksvoll, dass es die Natur selbst ist, die zunächst einmal mit feinen, graugrünen Flechten neues Leben in das tote Land bringt. Erst viel später können dann Bauern mit Gemüse und Obstpflanzen nachrücken und ein Stück Land urbar machen. Damit eine Ernte im trockenen Klima mit seinen starken Passatwinden möglich ist, sind die kleinen Lavakörner, aus denen der Boden besteht, unentbehrlich. Durch und durch porös, saugen die Lapilli genannten Steinchen die Feuchtigkeit aus dem Seewind, der nachts über La Geria streicht, und geben das Wasser tagsüber nach und nach an die Wurzeln der Weinstöcke ab. Nur mit dieser einmaligen Anbaumethode ist hier die Kultivierung von Früchten möglich.

An der Hauptstraße LZ 30 liegen die großen Bodegas, die meist von 10.30 bis 18 Uhr geöffnet sind. Die Kellerei *El Grifo (LZ 30, km 11 | elgrifo.com)* hat ein *Weinmuseum (Eintritt 4 Euro)* mit mehr als 200 Jahre alten Gerätschaften. Die *Bodegas Barreto (LZ 30, km 11 | Tel. 928520717)* bietet breite Auswahl an Weinen samt Verkostung *(ca. 2 Euro pro Glas)*.

Die *Bodega La Geria (LZ 30, km 19 | lageria.com)* findest du direkt gegenüber von einem schönen Drachenbaum. Bei einem Rundgang durch die *Bodegas Rubicón (LZ 30, km 19 | bodegasrubicon.com)*, lernst du in einem historischen, aufwendig restaurierten Haus den schönen Weinkeller und die alten Pressen kennen, bevor du die Tropfen testet.

Die urigste Bodega aber liegt etwas abseits – nur über eine Holperpiste erreichbar: ⚑ *El Chupadero (Mi–So ab 12 Uhr | LZ 30, Km 18,8 | Tel. 928173115 | el-chupadero.com | €€)* ist eine gemütliche Tapasbar, auf deren Terrasse du in aller Ruhe mediterrane Leckereien und Weine genießen kannst. Weit reicht der Blick von hier über Tausende von Talmulden der Lavafelder. | *C–E 9–10*

## 4 MOZAGA

*15 km nördl. von Puerto del Carmen/ 15 Min. per Auto über die LZ 2/LZ 35)*

Unübersehbar steht am Kreisverkehr vor der kleinen Ortschaft eines der großen Werke César Manriques: das *Monumento al Campesino,* das Bauerndenkmal. Errichtet wurde es Ende der 1960er-Jahre, um auf die wachsenden Probleme der Bauern hinzuweisen. Sinnigerweise besteht es aus den Wassertanks alter Fischerboote, die zu einem großen, kubistisch inspirierten Dromedar gestapelt sind – eine überdeutliche Mahnung, die knappen natürlichen Ressourcen der Insel zu schonen.

Gleich nebenan wurde die ★ *Casa Museo del Campesino (tgl. 10–17.45 Uhr | Eintritt frei)* eingerichtet, ein Bauern- und Kunstgewerbemuseum, wo du Kunsthandwerkern bei der Arbeit zuschauen und ihre Werke erwerben kannst. Neben der Weberei und der Stickwerkstatt – in denen nur zeitweise gearbeitet wird – ist die Töpferwerkstatt besonders sehenswert. Hier fertigen Künstler die *novios de mojón* an: Die Vorbilder dieser Tonfigurenpaare mit ihren ausgeprägten Geschlechtsorganen wurden von den Ureinwohnern als Fruchtbarkeitssymbole hergestellt und Jungverheirateten geschenkt.

Der untere Teil des ehemaligen Landguts beherbergt ein Restaurant *(tgl. | Tel. 928520136 | €€)* in Lavagewölben mit typischen Speisen Lanzarotes. Gemütlicher ist jedoch die Bar im Erdgeschoss, wo du auf einer strahlend weißen Terrasse neben Drinks auch Lanzarote-Tapas serviert bekommst,

Wassertanks im Kreisverkehr? Monumento al Campesino von César Manrique

während du das *monumento* im Blick hast. | *E8*

## 5 SAN BARTOLOMÉ

*12 km nordöstl. von Puerto del Carmen/10 Min. per Auto über die LZ 2/LZ 35*

Ein stilles, hübsches Gemeindestädtchen mit einer Plaza, an der sich Kirche, Rathaus und Theater aufreihen. Ein auffällig bemaltes Anwesen schräg gegenüber beherbergt das private *Museo Etnográfico Tanit (Mo–Sa 10–14 Uhr | Eintritt 6 Euro | C/ Constitución 1 | museotanit.com)*, in dem Gegenstände von anno dazumal, u.a. Werkzeug, Möbel und Spielzeug, Kleider und Karnevalskostüme liebevoll zusammengetragen wurden und ausgestellt sind. Literaturfreunde pilgern in den 7 km südwestlich gelegenen Ort Tías, wo die Finca des 2010 verstorbenen Literaturnobelpreisträgers José Saramago in ein museales „Haus der Bücher" namens *A Casa José Saramago (Mo–Sa 10–14.30 Uhr, Führungen alle 30 Min. | Eintritt 8 Euro | C/ Los Topes 2 | Tías | Tel. 928833526 | acasajosesaramago.com)* verwandelt wurde. | *E9*

## 6 TIAGUA

*20 km nordöstl. von Puerto del Carmen/20 Min. per Auto über die LZ 502/LZ 30/LZ 20)*

An dem Bauerndorf würde man wahrscheinlich glatt vorbeifahren, wäre da nicht das in einem alten, gut erhaltenen Landgut untergebrachte ★ *Museo Agrícola El Patio (Mo–Fr 10–17, Sa*

*10–14.30 Uhr | Eintritt 5 Euro inklusive kleiner Weinprobe).* Es bietet einen Einblick in die bäuerlichen Traditionen von anno dazumal – und der Clou dabei: Alle Einrichtungen, von der Bodega bis zur Gofiomühle, sind voll funktionsfähig. Frei laufende Hühner picken im Garten, aus dem Stall ertönt Ziegengemecker, Dromedar und Esel warten im Schatten auf Streicheleinheiten. Besuche die Windmühle und die Bodega, in der du eine Weinkostprobe samt Käsehappen erhältst. Im Gutshaus sind historische Fotografien, bäuerliche Gebrauchskeramik und eine Sammlung besonders schöner Lavasteine die Hingucker. Und in den alten Gebäuden der Weinkellerei sind schwere Pressen und Eichenholzfässer zu sehen. | *E8*

**INSIDER-TIPP**
**Museum mit Hausgemachtem**

## 7 MANCHA BLANCA

*25 km nördl. von Puerto del Carmen/ 30 Min. per Auto über die LZ 504/LZ 502/LZ 56)*

Im Jahr 1735 wälzte sich die Lava aus den Timanfaya-Vulkanen unerbittlich auf die kleine Ortschaft zu. Letzte Chance, die drohende Katastrophe abzuwenden, schien den Einwohnern, ihre Dorfheilige – Nuestra Señora de los Dolores – den glühenden Massen entgegenzustellen. Und wirklich: Die Lava kam unmittelbar vor der Figur zum Stillstand. Zum Dank erbauten die Einwohner die Kirche Iglesia de los Dolores am Ortsrand und erkoren die Madonna zur Nuestra Señora de los Volcanes. Sie wurde außerdem Schutzpatronin der Insel. An der Straße zum Nationalpark Timanfaya passierst du das *Besucherzentrum* (s. S. 100). | *D8*

Im September feiert Mancha Blanca ihre Schutzheilige: La Virgen de los Dolores

### 8 TINAJO, PLAYA DE TENEZA UND PLAYA DE LA MADERA

*17 bzw. 25 km nördl. von Puerto del Carmen/20 bzw. 30 Min. per Auto über die LZ 502/LZ 56/LZ 67)*

Nicht gerade spektakulär, aber doch ganz hübsch ist das lang gestreckte Dorf *Tinajo* (D7). Wer gut essen will, kehrt im *Mezzaluna (Mo geschl. | Av. La Cañada 22 | Tel. 928840141 | €–€€)* ein, wo alle Klassiker der italienischen Küche serviert werden – auch Pizza aus dem Holzkohleofen. Etwa von der Ortsmitte aus führt eine unbeschilderte Straße an die Westküste zur *Playa de Teneza* (C–D7) und auf Schotterpisten weiter zur *Playa de la Madera* (B8) an der Grenze zum Nationalpark Timanfaya. An beiden Stränden bricht sich der Atlantik oft besonders heftig; die kochende See ist ein beeindruckendes Naturschauspiel. Falls du hier baden möchtest, bleib unbedingt im Flachwasser! Immer wieder ertrinken an der Westküste Fremde, die die immense Sogkraft der rücklaufenden See unterschätzen. Fahr anschließend Richtung Caleta de Famara, unterwegs lohnt der Aufstieg zur alten Mühle. Von hier bietet sich ein toller Blick auf das Dorf und die Bergkette der Risco de Famara.

### 9 LA SANTA

*35 km nördl. von Puerto del Carmen/40 Min. per Auto über die LZ 50/LZ 56/LZ 67)*

Jeder ambitionierte Sportler kennt das kleine Nest an der Nordküste. Denn hier befindet sich der Club *La Santa (Tel. Mo–Fr 9–17 Uhr in Deutschland +49 40 5510034 | clublasanta.de)*, eine Trainingsoase, in der Dutzende Sportarten angeboten werden: im eigenen Leichtathletikstadion, in einer Windsurflagune, in der Rennradbasis usw. Tagesausflüglern hat der unscheinbare Ort wenig zu bieten, außer zahlreichen Restaurants an der Durchgangsstraße. Im *Alma Tapas (Mo geschl. | Av. Marinero 26 | €€)* bekommst du in einem hübschen Innenhof vorzügliche Snacks und Tagesgerichte serviert. | *D7*

**SCHÖNER SCHLAFEN IN LANZAROTES MITTE**

**JENSEITS DES MAINSTREAMS**

Urlaub in persönlicher Atmosphäre, Gesundheit tanken und kreativ sein? Über dem Feriengetümmel von Puerto del Carmen liegt das *Centro de Terapia Antroposófica (C/ Salinas 12 | Puerto del Carmen | Tel. 928512842 | centro-lanzarote.de | €€)* mit 52 schlicht-schönen Apartments um einen Pool-Garten. Entspannung bieten auch der 34 Grad warme „Schwebe-Pool" und Workshops von Malen bis Bildhauern. Es gibt Buffets mit Veggie-Optionen, für Selbstversorger einen Bioladen.

**MITTEN IM LAVAFELD**

Im Landesinnern lebst du im Mini-Hotel *Caserío de Mozaga (8 Zi. | Calle Malva 8 | Mozaga | Tel. 928520060 | www.caseriodemozaga.com | €€€)* wie einst Lanzarotes Grundherren: Auf einer Finca im Lavafeld mit Feigenbäumen, schattigen Patios und antikem Mobiliar.

# NATIONALPARK TIMANFAYA UND DER SÜDEN

## STRÄNDE UND SPRÜHENDE FUNKEN

**So mag es am Rand der Sahara aussehen: karges, von der Sonne ausgedörrtes Land, ein paar bunte Flechten und unscheinbare Gräser – die Faszination der Wüste. Der Süden ist Lanzarotes trockenste Region, und das heißt: Sonnengarantie! Auch deshalb konnte sich das Fischerdorf Playa Blanca zu einem der drei großen Ferienzentren entwickeln .**

Hier Sahara, dort eine Mondlandschaft: An den Süden grenzen die Feuerberge mit schwarzen Lavameeren und Dutzenden Vulkanen,

Hach, wie romantisch … – Sonnenuntergang an den Playas de Papagayo

manche mit abgebrochenen Spitzen, andere sanft und weich ansteigend, in Farben zwischen Beige, Grau und Rostrot. Von 1730 bis 1736 wüteten Vulkanausbrüche, die fast ein Viertel der Insel unter sich begruben und das größte Lavafeld der Welt erschufen. Rund hundert Jahre danach revoltierte die Erde noch einmal und spuckte weitere Lava. Heute, knapp 200 Jahre später, kannst du das *malpaís* („schlechtes Land") gefahrlos erkunden und auf der Ruta de los Volcanes in die Finsternis eintauchen …

# NATIONALPARK TIMANFAYA UND DER SÜDEN

## MARCO POLO HIGHLIGHTS

★ **FEMÉS**
Der „Balkon" bezaubert mit spektakulärer Fernsicht ➤ S. 94

★ **CHARCO DE LOS CLICOS**
Flaschengrüne Lagune – wie aus einer anderen Welt ➤ S. 95

★ **LOS HERVIDEROS**
Das Meer schießt durch Felsenkanäle in die Luft ➤ S. 95

★ **PLAYAS DE PAPAGAYO**
Goldgelbe Juwelen: Lanzarotes schönste Strände ➤ S. 93

★ **SALINAS DE JANUBIO**
Die größten Salzgärten der Kanaren schillern in bunten Farben ➤ S. 95

★ **MUSEO ATLÁNTICO DE LANZAROTE**
Eine Kunstwelt unter Wasser – geheimnisvoll und schön ➤ S. 89

★ **ECHADERO DE LOS CAMELLOS**
Ein Dromedarritt durch die Ascheberge des Nationalparks Timanfaya ist für alle ein tolles Erlebnis ➤ S. 99

★ **RUTA DE LOS VOLCANES**
Der Höhepunkt jedes Timanfaya-Besuchs ist eine Fahrt durch die Mondlandschaft des Parks ➤ S. 100

Centro de Visitantes Mancha Blanca 13
Parque Nacional de Timanfaya
S. 98
Ruta de los Volcanes ★ 12
23 km, 20 Min.
Echadero de Los Camellos ★ 11
Lanzarote
La Asomada
8 Yaiza
9 Uga
La Hondura
ESPAÑA
(CANARIAS)
LZ2
Las Breñas
Puerto Calera
4 Femés ★
Playa Quemada
Casas de Masión
Museo Atlántico de Lanzarote ★
3 Playas de Papagayo ★
2 km
1.24 mi

# PLAYA BLANCA

*(🕮 A–B 11–12)* **Wo einst das Fischerdörfchen Playa Blanca im Ödland lag, türmen sich heute weiß getünchte Feriensiedlungen.**

Die Architektur der Hotels und Bungalows kann sich aber durchaus sehen lassen, und auch die üppigen Gärten mit Tausenden leuchtend roter Bougainvilleen haben Playa Blanca (10 000 Ew.) gutgetan. Der weitläufige, flach angelegte Ort ist als Ferienziel ideal für alle: für junge Familien ebenso wie für Senioren. Seine Pluspunkte sind die Nähe zu den tollen Papagayo-Stränden und der viele Sonnenschein.

Die Flanierpromenade ist das Herz Playa Blancas – hier lässt es sich entspannt bummeln und dabei bis zu den Nachbarinseln schauen. Eine beinahe familiäre Atmosphäre herrscht am kleinen Ortsstrand, außerdem beschränken sich die Restaurants und Apartments auf angenehme zwei bis drei Stockwerke Höhe. Westwärts kannst du die Promenade viele Kilometer bis zum Leuchtturm Faro de Pechiguera entlanglaufen. Ostwärts reicht sie vom Fährhafen bis zum weitläufigen Yachthafen Marina Rubicón und zum Castillo de las Coloradas. Leider sind mit der Zeit monumentale Hotels den paradiesischen Stränden auf die Pelle gerückt. Landeinwärts reichen Reihen von Bungalow- und Apartmentanlagen bis weit in die trockene Ebene.

Spazieren, bummeln, ausgehen? Dann auf zur Marina Rubicón!

## SIGHTSEEING

### MARINA RUBICÓN & CASTILLO DE LAS COLORADAS

Folgst du der Promenade ostwärts, passierst du erst die *Playa Dorada*, dann den Yachthafen *Marina Rubicón*. Hier herrscht eine entspannt-elegante Atmosphäre mit Terrassencafés, Wasserspielen und Stegen, die übers Meer führen. Noch weiter ostwärts auf der Promenade kommt das *Castillo de las Coloradas* in den Blick. Ja, auch an der Südküste konnten die Fischer in früheren Zeiten nicht in Frieden leben, auch hier wurden ihre Dörfer immer wieder von Piraten überfallen. Schon der Eroberer Jean de Béthencourt soll hier einst ein Fort errichtet haben. Das jetzige Kastell wurde 1769 erbaut. Es hat seinen Namen nach den farbigen *(coloradas)* Felsen dieses Küstenabschnitts. Leider ist der wuchtige, mittlerweile von Hotels umstellte Rundturm nach wie vor nicht zu besichtigen. Doch die Aussicht von der Punta del Águila auf die farbige Steilküste bis zu den nahen Papagayo-Stränden, über die Marina Rubicón und bei klarem Wetter bis Fuerteventura ist den Besuch des Castillo allemal wert.

### MUSEO ATLÁNTICO DE LANZAROTE ★

Abtauchen ins Museum? Das geht in Europas erstem Unterwassermuseum: In 12–15 m Tiefe erwarten dich 400 lebensgroße, realistisch gestaltete Betonfiguren, die der britische Künstler Jason deCaires Taylor zu Alltagsszenen angeordnet hat: Flüchtlinge im „Floß Lampedusa", ein Paar, das ein Selfie dreht, Menschen, die sich vor einer Mauer drängen ... Wenn einmal Seepflanzen die Figuren erobern werden, entsteht – so hofft der Künstler – ein künstliches, fischreiches Riff. Bei ruhiger See ist es auch möglich, vom Boot aus durchs klare Wasser einen Blick in die Tiefe zu werfen. Ansonsten: Tauche oder schnorchle hinunter! Der Besuch ist allerdings nur mit einer autorisierten Tauchschule möglich. Kein Problem: Fast alle Tauchschulen auf Lanzarote bieten den Trip an, z. B. *Windblue Sports* (s. S. 91). *Start tgl. ab Marina Rubicón 10–16 Uhr | Eintritt 12 Euro für Taucher, 8 Euro für Schnorchler, zusammen mit obligatorischem organisiertem Tauchtrip ab 30 Euro (ca. 2–3 Stunden) | cactlanzarote.com/cact/museo-atlantico*

## ESSEN & TRINKEN

### BAR ONE

In der Chillout-Snackbar kannst du zu jeder Tageszeit herrlich entspannen, während die Yachten ein- und auslaufen. Günstiges Mittagsmenü! *Tgl. | Marina Rubicón | Tel. 928349930 | €–€€*

### BODEGÓN LAS TAPAS

In rustikalem Ambiente inmitten von Weinfässern werden – mit Blick auf die Promenade und das Meer – Dutzende verschiedene Tapas serviert. *So geschl. | Paseo Marítimo 5 | Tel. 928518310 | €–€€*

### CASA BRÍGIDA

Der inselbekannte Gastroexperte Pedro Santana schwingt persönlich in der Restaurantküche den Kochlöffel und sorgt dafür, dass die kreativ-kanarische Küche schmeckt. Wer keine Lust hat, die Speisekarte zu studieren, bestellt das sechsgängige Degustationsmenü für 35 Euro und wird nicht enttäuscht! *Tgl. 13–23 Uhr | Puerto Marina Rubicón, Local 32 B | Tel. 928519190 | restaurantecasabrigida.com | €€*

### LA CASA ROJA

Das „rote Haus" thront auf einem Steg, vor den Panoramafenstern liegen schnittige Yachten im Hafenwasser. Das Ambiente ist elegant, die Küche gehoben mediterran mit Schwerpunkt auf Fisch und Meeresfrüchten. Zwar gibt es mittlerweile auch kritische Stimmen über den Klassiker der hiesigen Gastroszene. Dennoch sind Papageifischpastete, Tintenfischcarpaccio und zum Abschluss ein Mojitosorbet einen Versuch wert! *Tgl. | Marina Rubicón | Tel. 928519644 | lacasaroja-lanzarote.com | €€*

### SEBASTYAN'S

Ganz in Blau-Weiß gehaltenes, elegantes Restaurant hoch über der Promenade mit Blick bis Fuerteventura.

**INSIDER-TIPP**
**Mediterran im Atlantik**

Alle Klassiker der griechisch-mediterranen Küche kommen sehr fein zubereitet auf den Tisch. Angeschlossen ist eine Vinothek mit Riesenauswahl. Abends ist eine Reservierung empfehlenswert. *Tgl. | Centro Comercial La Mulata L. 4 | C/ Lanzarote (Richtung Leuchtturm) | Tel. 928349679 | sebastyans.com | €€*

### LOS HERVIDEROS

Weder an der Promenade noch mit Meerblick, aber mit Low-Budget-Mittagsmenüs, die Scharen von Besuchern anlocken. *Di geschl. | C/ El Marisco 9 | Tel. 928517707 | €*

## SHOPPEN

Sommeroutfit oder Mitbringsel gesucht? In der verkehrsberuhigten Calle Limones findest du viele Läden.

### FUNDACIÓN CÉSAR MANRIQUE

Alles vom großen Meister, auch hier in Playa Blanca. *Av. Papagayo 8*

### MERCADILLO

Kunsthandwerksmarkt in schönem Ambiente: Im Yachthafen macht Schauen und Stöbern doppelt Spaß. Kosmetika aus Aloe vera, mit Cochenille gefärbte Textilien, Kulinaria von der Insel und vieles mehr. *Mi u. Sa 9–14 Uhr | Costa Papagayo und Marina Rubicón*

### MODA INDIGO

Leichte Stoffe sind das Material, aus dem Modeträume sind – zumindest auf Lanzarote. Ortsansässige Designer wie Romy B. entwerfen lässige Kollektionen und Accessoires aus hochwertigem Leinen. *C/ Limones 56 | romyb.info*

**INSIDER-TIPP**
**Ibiza-Style made in Lanzarote**

### MYSTIC

Alles zum Wohlfühlen, und zwar aus Naturmaterialien: Schwämme, Bürsten und Strandtücher. *Av. Marítima*

Mit kurzen Hosen haben sich schon alle eingedeckt: Marktstände an der Promenade

## SPORT & SPASS

### WASSERSPORT

Kajaktouren, SUP- und Schnorchelsessions bietet *Windblue Sports (C/ Los Bebederos 20 | Tel. 928519606 | windbluesports.com)*, das auch eine Scuba-Diving-Tauchbasis *(windbluediving.com)* betreibt. Auch beim Tretbootfahren *(6 Euro/Person | an der Playa Dorada)*, auf dem Jetski oder beim Bananenritt an der Marina Rubicón *(Banana Boat 10 Min. 15 Euro, Jetski 20 Min. 2 Pers. 6 Euro | www.watersports-lanzarote.com)* kannst du Spaß haben.

### AQUALAVA WATERPARK

Wasserrutschen und Hüpfburgen, ein träger Fluss und künstliche Wellen – gleich hinter dem Strand Playa Flamingo. *Tgl. | Eintritt 21 Euro, Kinder 14,50 Euro | C/ Gran Canaria 26 | hinter der Playa Flamingo, in der Anlage Relaxia Lanzasur | aqualava.net*

### BOOTSTOUREN

Im Hafen von Playa Blanca starten bei ruhiger See unterschiedliche Touren: Ein Taxiboot fährt mehrmals täglich via Marina Rubicón (Zwischenstopp möglich) zu den Playas de Papagayo und retour *(15 Euro, Kinder 8 Euro | excursionslanzarote.com)*. Die gleiche Strecke bedient Líneas Romero *(Express Waterbus 15 Euro, Kinder 8 Euro | lineasromero.com)*. Entspannt zieht die Meereswelt unter dem Glasbodenboot *(inkl. Landgang und Schnorchelpause 44 Euro, Kinder 25 Euro | lineasromero.com)* vorbei, das Kurs auf die Nachbarinsel Fuerteventura nimmt. Mehrmals täglich steuert die kleine Fähre desselben Anbieters Fuerteventura an *(Ticket 27 Euro, Kinder 15 Euro)*. Oder du hältst auf einem

Keine Angst vor starker Strömung oder hohen Wellen: die Playas de Papagayo

Segelschiff Ausschau nach Walen und Delphinen *(Tour 75 Euro, Kinder 50 Euro | cetaceosynavegacion.com)*.

## STRÄNDE

Der Ort hat drei attraktive Badeplätze: den kleinen, aber feinsandigen eigentlichen Ortsstrand unterhalb der Promenade. Westlich davon liegt, unterhalb des Hotels Lanzarote Park, die *Playa Flamingo* und schließlich östlich vom Ortsstrand die *Playa Dorada*. Die zwei letzteren haben feinen, hellen Sand sowie Liegen- und Sonnenschirmverleih. Wellenbrecher garantieren ungefährdetes Schwimmen. Noch schöner sind die benachbarten *Playas de Papagayo* (s. S. 93).

## WELLNESS

Alle Vier- und Fünfsternehotels von Playa Blanca haben moderne Spas, das schönste findest du im *Hotel Princesa Yaiza (Av. Papagayo 22 | princesayaiza.com)*, dort werden für die Anwendungen bevorzugt Zutaten von der Insel verwendet. Größter Wert wird auf medizinisch bzw. kosmetisch korrekte Behandlung gelegt – Therapieprofis und ein Deutsch sprechender Arzt machen's möglich.

## AUSGEHEN & FEIERN

Erst ein Stopp auf der Promenade, dann ein Cocktail im Yachthafen. Ein paar Schritte entfernt bietet der *Blue Note Club (bluenotelanzarote.com)* Livemusik von Flamenco bis Funk – jeden Abend ab 20 Uhr. Donnerstag- bis Samstagabend lohnt der Gang in den edel gestylten *Jazz Club Cuatro Lunas* im Hotel Princesa Yaiza. Hier wird hochkarätige Livemusik gespielt, außerdem gibt es Themenpartys von „Fiesta Cubana" bis „Halloween". Auf der anderen Seite des Ortszentrums, Richtung Faro de Pechiguera, bietet der *Marea Lounge Club (tgl. bis 3.30 Uhr)* im Centro Comercial La Mulata etwas Besonderes: Zum Sonnenuntergang lässt es sich auf der grünen Promenadenterrasse mit Blick bis Fuerteventura wunderbar chillen, danach ist Livemusik angesagt.

INSIDER-TIPP
Gut zum Abhängen

# RUND UM PLAYA BLANCA

## 1 MONTAÑA ROJA

*2,8 km nordwestlich von Playa Blanca/30 Min. zu Fuß*

Eine Möglichkeit zum Kurzausflug für bewegungshungrige Playa-Blanca-Gäste ist der schnelle (aber leider schattenlose!) Aufstieg auf die nahe gelegene Montaña Roja. Der „rote Berg" ist mit 194 m Höhe der Hausvulkan des Orts und die einzige echte Erhebung auf der südlichen Inselebene. Der Aufstieg beginnt oberhalb der Feriensiedlung Montaña Baja auf einem ausgetretenen, gut sichtbaren Pfad und dauert nicht viel länger als eine halbe Stunde.

Oben führt ein gleichfalls gut zu begehender Weg um den gesamten Kraterrand. Hier überblickst du Playa Blanca bis zu den Papagayo-Stränden, nach Süden reicht der Blick hinüber bis Fuerteventura. Weiter westlich verschandeln heute endlose Apartmentanlagen, zum Teil nur halb fertig gebaut, das Panorama. | *A11*

## 2 FARO DE PECHIGUERA

*3 km westlich von Playa Blanca/60 Min. zu Fuß*

Playa Blancas Promenade führt westwärts bis zum Leuchtturm Faro de Pechiguera – es geht immer an der Küste entlang und vorbei an der Playa Flamingo. Der 1986 errichtete Leuchtturm ist nicht gerade der beeindruckendste, doch dieses Manko macht die gute Sicht nach Fuerteventura wett. *A12*

## 3 PLAYAS DE PAPAGAYO ★

*3–5 km östl. von Playa Blanca/15 Min. per Auto über die LZ 702, dann Holperpiste oder 30 Min. mit dem Wassertaxi/Ausflugsboot*

Lanzarotes Paradestrände sind von Felsen eingerahmt, der Sand ist fein und das türkisfarbene Wasser blitzsauber. Zudem herrscht meist nur eine geringe Strömung, und die Wellen sind niedrig, sodass hier auch Kinder gefahrlos baden und planschen können.

Die Strände sind mit dem Auto nur über eine ausgeschilderte Hauptpiste erreichbar *(3 Euro)*. Mit dem Betrag ist zugleich auch der Eintritt in den Naturpark *Monumento Natural de los Ajaches* abgegolten, zu dem die Strände gehören. Große Parkplätze liegen bei der Playa Mujeres, oberhalb der Playa Papagayo und an der wilderen Playa Caleta del Congrio. In nur 15 Gehminuten sind die Papagayo-Strände vom Ortsteil Las Coloradas aus sehr gut zu

erreichen. INSIDER-TIPP **Auf Schusters Rappen zum Strand** Parke an der Straße vor dem Hotel Papagayo Arena und folge dem ausgeschilderten Pfad nach Süden. So umgehst du die Schotterpiste und sparst 3 Euro Gebühren.
Alle Strände sind gut zugänglich, auch die empfehlenswerten kleineren: Playa del Pozo, Playa de la Cera und Playa de Puerto Muelas. Bei Ebbe kann man gut von Strand zu Strand wandern. | *B12*

## 4 FEMÉS ★

*9 km nordöstl. von Playa Blanca/ 10 Min. per Auto über die LZ 702*

Der *Balcón de Femés* trägt seinen Namen völlig zu Recht. Bei gutem Wetter hast du von dem 450 m hohen Pass eine grandiose Aussicht über die Rubicón-Ebene bis weit über Playa Blanca hinaus auf die kleine Isla de los Lobos und Fuerteventura.
Der Ort hat zwar nur wenige Häuser, kann aber immerhin mit drei ansehnlichen Restaurants aufwarten. Im *Balcón de Femés (tgl. | Tel. 928113618 | €€)* speist du direkt am Pass mit Blick auf die Rubicón-Ebene. Dagegen ist die *Casa Emiliano (Mo geschl. | Tel. 928830223 | €€)* etwas zurückversetzt, hat aber neben einer hervorragenden Küche eine hübsche Terrasse zu bieten. An der Plaza liegt das *Restaurante Femés (tgl. | €).* Hier isst du ohne besonderen Ausblick, dafür aber ganz authentisch im Kreis von Einheimischen. Bekannt ist Femés auch für seinen guten Ziegenkäse. Bevor du dich für eine Sorte entscheidest, kannst du ihn in der kleinen *Quesería*

Machen auch optisch eine ganze Menge her: die Salzbecken der Salinas de Janubio

*de Rubicón (Mo–Sa 10–20, So 10–15 Uhr | Plaza de San Marcial 3)* im Schatten der Kirche gratis kosten. Dazu gibt es einen Schluck aus der hauseigenen Bodega. | *B10–11*

### 5 SALINAS DE JANUBIO ★

*10 km nördl. von Playa Blanca/ 10 Min. per Auto über die LZ 701/ LZ 703*

Lange Reihen kleiner und großer rechteckiger Felder in schillerndem Braun, Rot, Grau und Schwarz – wie ein riesiger Setzkasten liegt die Saline von Janubio unterhalb der Straße nach Playa Blanca. In der Vergangenheit war die Meersalzgewinnung lebenswichtig für die Fischer, weil sie mit dem Salz ihren wertvollen Fang und ihren Proviant konservierten. Windräder, die im Lauf der Zeit verfallen sind, pumpten das Meerwasser in die größten, 40 m hoch gelegenen Becken. Von denen wurde es dann in mehreren ausgeklügelten Verdunstungsstufen in die kleinsten Becken abgelassen. Dort harkten Arbeiter schließlich das herauskristallisierte Salz mit Holzrechen zusammen.

Im 19. Jh. wurden hier noch mehr als 10 000 t jährlich gewonnen. Heute ist der Ertrag geringer. Kaufen kannst du das grobkörnige, wohlschmeckende Meersalz am Rand der Salzfelder in der *Bodega de Janubio (Mo–Fr 10–17, Sa 11–16 Uhr | LZ 703, km 2 | salinasdejanubio.com)*. Anders als Industriesalz, das in großen Vakuumverdampfungsanlagen produziert wird, ist Meersalz ein rein natürliches Produkt, das manuell gewonnen wird. So behält es alle seine Mineralien, ist reich an Kalzium, Magnesium und Jod. Einen schönen Blick auf die Salinen hast du vom Restaurant *Mirador Las Salinas Casa Domingo (tgl. 11–21 Uhr | C/ Hervidero 7 | Tel. 928 17 30 70 | €€)* – tolle Farbspiele bei Sonnenuntergang!

INSIDER-TIPP
**Gigantisch glitzernd**

Und gut essen kannst du hier ebenfalls: Wie wäre es mit *pescado a la sal*, in Salzkruste schonend gegartem Fisch? Um die Salinen von Nahem anzusehen, spazierst du nach dem Essen über den Lavastrand unterhalb der Anlage. | *A–B10*

### 6 LOS HERVIDEROS ★

*12 km nördl. von Playa Blanca/ 10 Min. per Auto über die LZ 701/ LZ 703*

Es brodelt und zischt in den *Hervideros* (wörtlich „Sprudelnde"), die zwischen den Salinas de Janubio und El Golfo liegen. Es handelt sich um vom Meer ausgewaschene Löcher und Kanäle im spitzen, porösen Lavagestein, durch die bei hohem Wellengang das Wasser mit großem Druck nach oben ins Freie schießt. Verwinkelte Pfade und Treppen führen auf eine Plattform mitten hinein ins Geschehen. Seitlich liegt ein ausgebauter Parkplatz. | *A10*

### 7 CHARCO DE LOS CLICOS ★

*16 km nördl. von Playa Blanca/ 15 Min. per Auto über die LZ 701/LZ 703)*

Wie die Feuerberge hat auch die tiefgrüne Lagune *Charco de los Clicos (Eintrittsgebühr geplant)* schon in einem Science-Fiction-Film mitgespielt.

Sichelförmig liegt sie im Bogen eines zur Hälfte im Meer versunkenen Kraterkessels, dessen Wände durch Winderosion zernagt sind. Die Färbung des Wassers, das durch Verdunstung des einsickernden Meerwassers einen höheren Salzgehalt als das Meer hat, wird durch eine besondere Algenart bewirkt. Der Kontrast zum pechschwarzen Lavasand und dem dunkelblauen Atlantik mit der weißen Gischt brennt geradezu in den Augen und bietet einen unvergesslichen Anblick. Vom Parkplatz an der Landstraße südlich der Lagune aus oder vom Parkplatz am Ortseingang des Dorfs El Golfo links kannst du das eindrucksvolle Naturphänomen zu Fuß besuchen.

Jenseits der Lagune endet die Landstraße im Fischerdorf *El Golfo*. Man mag es kaum glauben, doch der gesamte Ort – samt Hotel und Restaurants – ist vom Abriss bedroht. Laut spanischem Küstengesetz sind nämlich Häuser, die bei Ebbe weniger als 100 m vom Meer entfernt liegen, illegal. Da schon an vielen anderen Küsten der Kanaren in solchen oder ähnlichen Fällen rabiat abgerissen wurde, befürchtet man in El Golfo das Schlimmste.

Noch aber beherbergt der Ort einige der besten Fischlokale Lanzarotes. Gegessen wird auf schönen Terrassen nahe dem Meer! Empfehlenswert und gut sind die Restaurants *Lago Verde (Do geschl. | Av. Marítima 46 | Tel. 928 17 33 11 | €€–€€€)* und *Bogavante (tgl. | Av. Marítima 39 | Tel. 928 17 35 05 | €€–€€€)*. Das beste Preis-Leistungsverhältnis bietet *Casa Rafa (Mo geschl. | Av. Marítima | Tel. 625 10 43 30 | restaurantedemar.com | €€)* mit kleiner Karte, großen Portionen und gutem Hauswein! Probier auf jeden Fall auch die Desserts: das hausgemachte Eis in ausgefallenen Geschmacksrichtungen sowie die luftig-zarte Käsetorte *(tarta de queso)*.

**INSIDER-TIPP**
**Sahnig, süß und soft – mmmhhh**

## 8 YAIZA

*13 km nordöstl. von Playa Blanca/ 13 Min. per Auto über die LZ 701*

Hier ist es genau so, wie César Manrique es für die ganze Insel gewollt hat: strahlend weiße Häuser, knallgrüne Fensterläden, blühende Geranien. Yaiza ist das Musterdorf Lanzarotes und hat schon etliche Schönheitswettbewerbe gewonnen. Besonders harmonisch und ansprechend wirkt das Ensemble rund um die Kirche *Nuestra Señora de los Remedios* aus dem 17. Jh. mit den zwei angrenzenden Plätzen.

Auch das Innere des Gotteshauses mit seinem offenen Glockenstuhl lohnt einen Besuch: Die Madonnenstatue des Hochaltars badet dort im geheimnisvollen blauen Licht der Kirchenfenster. Jedes Jahr am 8. September wird die Figur bei einer Prozession von den Gläubigen durch den Ort getragen. Die flache, weiße *Casa de la Cultura (Mo–Fr 9–13 u. 17–19 Uhr)*, das heutige Kulturzentrum von Yaiza, steht gegenüber der Kirche. Das Haus wurde im 19. Jh. erbaut, war von 1871 bis 1937 der Wohnsitz des bekannten Politikers und Schriftstellers Benito

Bilderbuchschönheit: Iglesia de Nuestra Señora de los Remedios

Pérez Armas und ist heute Ort wechselnder Ausstellungen.

Kunst gibt es außerdem in der *Galería Yaiza (Mo–Sa 17–19 Uhr | Ctra. General 13/LZ 2)*, der wundervoll restaurierten ehemaligen Dorfschmiede – Lanzarotes erster privater Galerie (1984): Hier sind Werke von Lanzarote-Klassikern wie César Manrique und Ildefonso Aguilar, Veno und Tayó ausgestellt: expressive Gemälde, virtuose Zeichnungen und Radierungen zu günstigen Preisen! Zusammen mit seinem Freund Luis Ibáñez hat César Manrique im Ortskern einen alten bäuerlichen Gutshof restauriert und darin 1968 das Restaurant *La Era (Calle Barranco 3 | €€€)* eingerichtet: mit attraktiven Gasträumen, einem reich bepflanzten Innenhof und vielen hübschen architektonischen Details. Viele Jahre war es die gefeierte Gastroadresse im Inselsüden, noch heute legt man hier gern eine Pause ein

Ein Stopp lohnt auch in der ehemaligen Schule, der *Antigua Escuela (C/ La Cuesta 1/LZ 2)* am östlichen Ende des Orts. Statt Klassenzimmern gibt es ein Bistrocafé und originelle Läden mit Schmuck und Kunsthandwerk; wie aus 1001 Nacht ist das Sortiment bei *La Route des Caravanes*. Ein uriger Landgasthof mit Lanzarotewein und phantasievoll abgewandelter kanarischer Küche ist die *Bodega Santiago (Mo geschl. | LZ 67, an der Straße zu den Feuerbergen | Tel. 928836204 | €€)* – Thun-Carpaccio mit marinierten Meerschnecken, Langustensalat mit Miniböhnchen und feinstes Rinderfi-

**INSIDER-TIPP**
**Essen unterm großen Feigenbaum**

let. Frag Juan Carlos nach den Tagesspezialitäten! *B-C10*

### 9 UGA

*15 km nordöstl. von Playa Blanca/ 15 Min. per Auto über die LZ 701*

In dem kleinen, oasenhaft anmutenden Ort mit den blendend weißen Würfelhäusern, den Palmen und dem afrikanisch klingenden Namen sind die Dromedare zu Hause, die tagsüber die Ausflügler zu den Feuerbergen schaukeln. Nach getaner Arbeit trotten sie meist zwischen 16.30 und 17 Uhr am Kreisel Uga–Yaiza vorbei – hier wurde ihnen ein gigantisches Denkmal gesetzt. Außerdem ist Uga für seine *Lachsräucherei* bekannt (Achtung: Mindestabnahme 500 g!). Sie liegt an der Durchgangsstraße nach Arrecife. Die *Casa Gregorio (Di geschl. | Tel. 928830108 | €–€€)* im Ort überzeugt mit sehr günstiger, leckerer Inselkost. | *C10*

### 10 FUERTEVENTURA

*15 km südl. von Playa Blanca/ 30 Min. mit der Fähre*

In Playa Blanca hast du Lanzarotes große Schwester ständig vor Augen. Lust darauf, sie kennenzulernen? Gerade mal 30 Minuten benötigt die Fähre für die Überfahrt von Playa Blanca zum Hafen Corralejo auf der Nachbarinsel. Sie fährt im Stundentakt ab 7 Uhr, die letzte Rückfahrt ist für 20 Uhr angesetzt. Im Kapitel „Erlebnistouren" findest du einen detailliert beschriebenen Abstecher nach Fuerteventura, s. S. 112, ausführliche Infos außerdem im MARCO POLO „Fuerteventura". | *A14*

# PARQUE NACIONAL DE TIMANFAYA

*(B-C 8–9)* **Mondlandschaft? Höllentrip? Erdgedärme? Im Nationalpark Timanfaya fühlst du dich wie auf einem anderen Stern gelandet. Sein Name leitet sich von einem Dorf ab, das unter den Lavamassen begraben liegt.**

Wolken werfen bizarre Schatten, Wind streicht über die Ebene, flüstert zwischen zackigen Magmabrocken, spielt mit Lapillisteinchen, Lavakieseln, die meterdick den Boden bedecken und auf den Kanaren *picón* genannt werden. Kein Strauch und kein Baum unterbricht die Eintönigkeit – eine Mondlandschaft.

Die Montañas del Fuego, die Feuerberge, lösen wohl bei jedem eine gewisse Beklemmung aus, umso mehr, da sich hier tatsächlich eine der größten Katastrophen der jüngeren Erdgeschichte ereignete. Sechs Jahre lang, von 1730 bis 1736, dauerten die Vulkanausbrüche auf Lanzarote, begruben fast ein Viertel der Insel unter sich und hinterließen das größte Lavafeld der Welt. Viele Lanzaroteños flüchteten nach Gran Canaria, zahlreiche Orte wurden von Ascheregen verschüttet, von Lavaströmen überrollt, die sich danach ins Meer wälzten, das Millionen toter Fische an die Küste spülte. Immer neue Berge türmten sich hoch, Krater entstanden und explodierten noch am selben Tag, Schlünde taten sich auf und verschlangen den Boden. Die Hitze verbrannte die Felder, das Vieh verendete in giftigen Dämpfen. Drei weitere Vulkanberge entstanden Ende 1824, die Verwüstungen waren jedoch mit denen des 18. Jhs. nicht vergleichbar.

Heute ist alles erstarrt. Das Werk der vulkanischen Gewalten kann gefahrlos besichtigt und bestaunt werden. Die Landstraße LZ 67 von Yaiza Richtung Mancha Blanca durchquert ein lebensfeindliches *malpaís* („schlechtes Land") aus erstarrtem Magma. Links voraus erheben sich die 30 Kegel der Montañas del Fuego, unter ihnen der 510 m hohe Vulkan Timanfaya, umgeben von seinen ähnlich imposanten Kumpanen. Beeindruckend schillern die Farben. Sie rühren von verschiedenen Mineralien her, die die Erde mit ausspie. Dieses Ensemble konischer Hügel gehört schon zum Nationalpark. Von der LZ 67 zweigt bei Km 13,8 eine schmale Asphaltstraße zu einem Wachhäuschen aus dunklem Lavastein ab. Nach Bezahlen des Eintritts fährst du 3 km weiter bis zum *Islote de Hilario*, der wie ein Inselchen *(islote)* aus der Landschaft ragt. Dort starten auch die im Eintritt enthaltenen Touren entlang der Ruta de los Volcanes (s. S. 100). *Tgl. 9–17.45 Uhr | Eintritt 10 Euro*

## ZIELE IM NATIONALPARK

### 11 ECHADERO DE LOS CAMELLOS ★

Das exotischste Lanzarote-Erlebnis: Auf dem Rücken eines Dromedars durchs schwarze Lavameer des Timan-

Da staunste! Im Nationalpark Timanfaya werden Naturgewalten fühlbar

Die Karawane zieht weiter, alle anderen müssen draußen bleiben

faya-Nationalparks reiten. 100 Tiere warten auf Kundschaft am „Liegeplatz der Kamele". Ein kleines Museum *(Mo–Sa 8–15 Uhr)* zeigt verschiedene Lavasteine aus dem Nationalpark. *Mo–Fr 9–15 Uhr | Tour 8 Euro pro Person | 30 Min. | C9*

### 12 RUTA DE LOS VOLCANES ★

Höhepunkt im Nationalpark ist die Fahrt auf der 14 km langen Vulkanroute, die nicht als individuelle Tour, sondern ausschließlich in den vom *Islote de Hilario* startenden Bussen möglich ist. Tief hinein geht es in die surreale Welt Dutzender wie Meteoriteneinschläge wirkender Krater in allen Größen: Von spitzen *hornitos* (Öfchen) bis zu *calderas* (Kesseln) von mehreren 100 m Durchmesser ist alles vertreten. Es folgen eingestürzte Lavatunnel und gewaltige Aschehänge. Untermalt wird der „Höllentrip" mit bombastischer Musik von Wagner und Beethoven – als ob die Landschaft nicht schon dramatisch genug wäre! Außerdem schildern die gesprochenen Tagebucheinträge des Pfarrers von Yaiza, eines Zeitzeugen der Vulkanausbrüche, die Ereignisse, die anno 1730 Lanzarote auf dramatische Weise veränderten. Die Tour ist im Eintrittspreis zum Nationalpark inbegriffen. Meide die überbuchten Mittagsstunden! *Abfahrt alle 30 Min., letzter Bus um 17 Uhr | 60 Min. (Bustour 45 Min.) | C9*

### 13 CENTRO DE VISITANTES MANCHA BLANCA

Gut 4 km hinter La Mancha taucht aus der schwarzen Lava fast wie ein gestrandetes Raumschiff das Besucherzentrum des Nationalparks auf.

Mit interaktiven Schautafeln, Ausstellungen und Fotos bietet es jede Menge Informationen zu den Feuerbergen. Am besten ist der Film, der so packend ist, dass man meint, bei einer Eruption dabei zu sein. Zuletzt spazierst du auf einem Steg hinaus ins Meer aus schwarzer Schlacke. Auch toll: die kostenlosen geführten Wanderungen (auf Englisch), Anmeldung: *www.reservasparquesnacionales.es.* Oder du stärkst dich im *Restaurante del Diablo (€€)*, dem von Manrique aus Lavastein und feuerfestem Material errichteten „Teufelsrestaurant" mit Panoramafenstern in alle Himmelsrichtungen. Auch wer nichts essen möchte, sollte durch die Scheibe einen Blick in die dramatisch erstarrte Landschaft werfen – schwarze Täler, violette Kegel und aufgerissene Krater. Über einem mächtigen Schlot, der tief nach unten reicht, grillen die Köche Steaks in der aus dem Erdinnern hochströmenden Hitze. Draußen demonstrieren Parkmitarbeiter, was sich unter der dünnen Kruste abspielt: Reisigbündel, in Erdspalten geworfen, gehen Sekunden später in Flammen auf, Wasser, in metertief eingelassene Rohre gekippt, verdampft zischend in haushohen Geysiren. Gut 140 Grad herrschen schon in 10 cm Tiefe, 6 m unter deinen Füßen ist die Erde 400 Grad heiß. *Tgl. 9–17 Uhr | Eintritt frei | an der LZ 67, Km 9,6 | Tel. 928840839 | tinajo.es/centro_visitantes_tinajo.php | 30 Min. | D8*

**INSIDER-TIPP**
**Vulkanausbruch – fast live!**

## SCHÖNER SCHLAFEN IN LANZAROTES SÜDEN

### KUNSTOBJEKTE ÜBERALL

Ein persönlich geführtes Haus ist die kleine, feine *Casona de Yaiza (C/ El Rincón 11 | Yaiza | Tel. 928836262 | casonadeyaiza.com | €€)* mit acht Suiten, die sich um einen Innenhof gruppieren. Clou des Hauses sind die unterirdischen Zisternen, die in luxuriöse Salons verwandelt wurden.

### EREMITEN-REFUGIUM

Eine gute Wahl ist auch die exzentrisch eingerichtete *Casa de Hilario (7 Zi. | Ctra. García Escámez 19 | Yaiza |Tel. 928836262 | casadehilario.com | €€€):* Von der Poolterrasse schaust du aufs Meer und die dunkle Silhouette der Feuerberge.

# ERLEBNIS TOUREN

Lust, die Besonderheiten der Region zu entdecken? Dann sind die Erlebnistouren genau das Richtige für dich! Ganz einfach wird es mit der MARCO POLO Touren-App: Die Tour über den QR-Code aufs Smartphone laden – und auch offline die perfekte Orientierung haben.

## 1 EINMAL UM DIE INSEL

- Durch eine dunkel schillernde Mondlandschaft
- Über und unter der Erde: Höhlen und Prachtpanoramen
- Kochende Küsten und symmetrische Salzgärten

Playa Blanca — Playa Blanca

200 km — 3 Tage, reine Fahrzeit 6,5 Stunden

Beim Besuch mehrerer Kunstwerke von César Manrique empfiehlt sich die günstige Mehrfachkarte (*tarjeta sin contacto* von *Bono Bus Lanzarote*, s. S. 117).

Nicht nur zum Baden schön: die Papagayo-Strände

## AUSSICHT ZUR NACHBARINSEL

Starte möglichst früh, um genügend Zeit zu haben – 9 Uhr ist optimal! *Von* ❶ Playa Blanca ➤ S. 88 *fahr auf der LZ 702 landeinwärts. Erst querst du eine staubige Ebene, dann steigt die Straße steil an zum Dorf* ❷ Femés ➤ S. 94 an der Abbruchkante des Ajaches-Massivs. Von einem Aussichtsbalkon überblickst du die zurückgelegte Strecke und siehst am Horizont die Nachbarinsel Fuerteventura. On top erhältst du in der Quesería Rubicón eine Kostprobe Ziegenkäse! *Folge von Femés der Straße durch das schöne Hochtal und weiter bis zur Straße Yaiza–Arrecife. Dort halte dich links, dann erreichst du das Bilderbuchdorf* ❸ Yaiza ➤ S. 96, das weiß-grün in dunkler Landschaft leuchtet – ideal für einen kleinen Bummel.

INSIDER-TIPP
**Käsehäppchen gefällig?**

## GRANDIOSE FEUERBERGE

*Folge dann der LZ 67 Richtung* ❹ Montañas del Fuego ➤ S. 101, der „Feuerberge" im ❺ Parque Nacional de Timanfaya ➤ S. 98. Es lohnt sich, früh zu kommen, um den Besucherandrang zu umgehen und die grandiose Landschaft ohne Hektik auf

INSIDER-TIPP
**Morgenmuffel, aufgepasst!**

**TAG 1**

❶ Playa Blanca
8 km 8 min
❷ Femés
8 km 8 min
❸ Yaiza
6 km 17 min
❹ Montañas del Fuego
200 m
❺ Parque Nacional de Timanfaya
200 m

**❻ Dromedarstation**

5 km 7 min

**❼ Islote de Hilario**

5 km 7 min

**❽ Restaurante del Diablo**

5 km 9 min

**❾ Centro de Visitantes e Interpretación de Mancha Blanca**

10 km 9 min

sich wirken zu lassen. Den Beginn der Lavafelder markieren Holztafeln, auf denen ein kleiner Teufel, der *Diablo de Timanfaya*, thront. Kurz darauf kommst du zur ❻ **Dromedarstation** ➤ S. 99: Wie wäre es mit einem Ritt? *Dann kommt der Abzweig zum* ❼ **Islote de Hilario** ➤ S. 99, dem Zugang zum „Herz" des Nationalparks: Ein Rundfahrtbus bringt dich zu den spektakulärsten Stellen der Feuerberge – schwarze Lavaströme, Kegel und Krater wohin man schaut! Danach kannst du im kreisrunden ❽ **Restaurante del Diablo** ➤ S. 101 mit Blick auf die Feuerberge eine Kleinigkeit zu Mittag essen. Im ❾ **Centro de Visitantes e Interpretación de**

Mancha Blanca ➤ S. 100 wirst du dann in das Mysterium des Vulkanismus eingeweiht.

### BAUERNLEBEN UND RUSTIKALE UNTERKUNFT

Die Geheimnisse der bäuerlichen Welt von anno dazumal dagegen lüftet das ⑩ Museo Agrícola El Patio ➤ S. 81 *in Tiagua nordöstlich des Nationalparks,* ein liebevoll eingerichtetes Gehöft inmitten eines subtropischen Gartens. Das ⑪ Monumento al Campesino ➤ S. 80 – *an der LZ 20 Richtung Süden* – huldigt den Bauern der Insel; direkt nebenan kannst du traditionelles Kunsthandwerk kaufen. Das Hotel ⑫ Caserío de Mozaga ➤ S. 83 bietet auf einer Lavascholle rustikale Zimmer für die kommende Nacht.

INSIDER-TIPP
**Wohnen wie anno dazumal**

### ALTE HAUPTSTADT, KAPELLE UND PALMEN

*Tags darauf bringt dich die LZ 30 schnurstracks nach* ⑬ Teguise ➤ S. 60: Die alte Hauptstadt mit ihren weißen Häusern, Klöstern und Kirchen ist der geschichtsträchtigste Ort der Insel. Schlender durch dieses Schatzkästchen kolonialer Architektur, das sonntags, wenn der große Markt stattfindet, vor Geschäftigkeit brummt. Dann sind Straßen und Parkplätze verstopft – und man freut sich noch mehr darauf, sich von der grandiosen Aussicht an der ⑭ Ermita de las Nieves ➤ S. 66 gefangen nehmen zu lassen: Die Kapelle beim höchsten Inselgipfel bietet einen imposanten Ausblick auf Lanzarotes Westküste. *Jetzt geht es tief hinab, ins Tal der 1000 Palmen*, das sich nach Regen in eine Oase verwandelt. Mittendrin liegt das hübsche ⑮ Haría ➤ S. 67 mit seinen stillen Plätzen und Gassen. Nur samstags, während des kleinen Marktes, sind Parkplätze rar, dann parkst du besser außerhalb des Zentrums.

### AUSBLICK UND LAVATUNNEL

*Hinter Haría führt die LZ 201 wieder hinauf:* Wo Lanzarote wie mit dem Beil abgeschlagen ins Meer fällt, erwarten dich atemraubende Ausblicke durch die Panoramafenster des ⑯ Mirador del Río ➤ S. 69 auf die Meerenge zwischen Lanzarote und der Insel La Graciosa. Stärke dich jetzt in einem der Restaurants des Fi-

⑩ Museo Agrícola El Patio
6 km 9 min
⑪ Monumento al Campesino
700 m 1 min
⑫ Caserío de Mozaga
8 km 9 min
TAG 2
⑬ Teguise
11 km 27 min
⑭ Ermita de las Nieves
8 km 8 min
⑮ Haría
9 km 19 min
⑯ Mirador del Río
10 km 10 min

⑰ Órzola

9 km 12 min

⑱ Jameos del Agua

1 km 5 min

⑲ Cueva de los Verdes

5 km 7 min

⑳ Arrieta

8 km 120 min

㉑ Jardín de Cactus

12 km 17 min

㉒ Fundación César Manrique

6 km 9 min

㉓ Arrecife

25 km 29 min

scherdorfs ⑰ Órzola ➤ S. 57. *Danach wird's entlang der LZ 1 in Richtung Süden spannend:* Durch ein Loch in der Vulkandecke steigst du in die ⑱ Jameos del Agua ➤ S. 56, ein Tunnelsystem, das César Manrique in ein Gesamtkunstwerk verwandelte. Ebenfalls im Untergrund liegt die ⑲ Cueva de los Verdes ➤ S. 57: Bei der 45-minütigen Führung durch das vielfarbige Höhlenlabyrinth wirst du von Sphärenmusik begleitet – und erlebst garantiert mindestens eine Überraschung! *Anschließend geht es auf der LZ 1 weiter nach* ⑳ Arrieta ➤ S. 55, mit seiner kleinen Promenade ein willkommener Zwischenstopp.

## STACHELPFLANZEN UND HAUPTSTADTTRUBEL

Ein Halt lohnt auch in Guatiza, wo ein überdimensionaler *Metallkaktus* den Weg zu Manriques ㉑ Jardín de Cactus ➤ S. 55 weist: Tausende stacheliger Pflanzen sind hier kunstvoll angeordnet. Und auch am nächsten Ort kommt man nicht vorbei: Das ehemalige Wohnhaus des „großen Meisters" öffnet heute als ㉒ Fundación César Manrique ➤ S. 54, ein phantastisches, in Vulkanblasen integriertes Museum. Die Hauptstadt ㉓ Arrecife ➤ S. 38 wartet dann mit einer sympathischen Uferpromenade auf. Dort stehen für das Nacht-

Wo sich die Natur höchst dramatisch inszeniert: Los Hervideros

quartier Unterkünfte in allen Preisklassen bereit. Ein aussichtsreiches Mittelklassehotel ist das Miramar ➤ S. 47 – mit Meerblick.

### WEIN PROBIEREN UND FISCH VERZEHREN

Am nächsten Morgen spazierst du zum El Charco de San Ginés ➤ S. 43, der schönen Stadtlagune. *Anschließend fährst du wieder ins Inselinnere.* Absolut ungewöhnlich ist *der Weg durch das Tal* ㉔ La Geria ➤ S. 79. Bedeckt ist es mit Tausenden von Mulden, in denen Reben reifen, deren Weine du in den Bodegas kosten und kaufen kannst. Über das afrikanisch anmutende Dorf Uga ➤ S. 98 *gelangst du auf der LZ 704 nach* ㉕ El Golfo ➤ S. 96, wo sich ein Fischlokal ans nächste reiht. Hier sitzt du am Meer und genießt frischen Fisch – am schönsten beim Sonnenuntergang! Falls es noch zu früh ist, *fährst du weiter zum* ㉖ Charco de los Clicos ➤ S. 95, der mit seiner smaragdgrünen Farbe fast außerirdisch wirkt. Zwei weitere Highlights beschließen die Tour: In ㉗ Los Hervideros ➤ S. 95 brodelt das Meer in Felslöchern, und die ㉘ Salinas de Janubio ➤ S. 95 faszinieren mit ihren geometrischen Salzbecken. *Auf der LZ 701 kehrst du nach* ① Playa Blanca zurück.

**TAG 3**

㉔ La Geria
4 km 15 min

㉕ El Golfo
700 m 5 min

㉖ Charco de los Clicos
4 km 94 min

㉗ Los Hervideros
4 km 11 min

㉘ Salinas de Janubio
12 km 28 min

① Playa Blanca

# ❷ WÜSTE UND WEISSE KLÖSTER: BIKE-TOUR RUND UM EL JABLE

- Kultorte und ein koloniales Städtchen
- Eine flirrende Sandwüste – wie eine Fata Morgana
- Ein langer Dünenstrand am Fuß einer Klippenwand

| | |
|---|---|
| Costa Teguise | Costa Teguise |
| 78 km | 1 Tag, reine Fahrzeit 5–6 Stunden |
| mittel | 400 m |

Achtung: Starte möglichst früh in den kühlen Vormittagsstunden. Es empfiehlt sich, die Tour nachmittags fortzusetzen, nach einer Badepause am Strand von ❼ **La Caleta de Famara**.

❶ Costa Teguise
5 km 15 min
❷ Fundación César Manrique
6 km 32 min
❸ Lagomar
3 km 13 min
❹ Teguise
10 km 48 min
❺ El Jable
4 km 13 min

## SPUREN VON CÉSAR MANRIQUE UND PIRATEN

*Von* ❶ Costa Teguise ➤ S. 52 *geht es – vorbei an den Rasenteppichen des Golfplatzes – nach Tahiche*. Ein großes Windspiel am Verkehrskreisel kündigt die nahe ❷ Fundación César Manrique ➤ S. 54 an, die einen guten Einblick in das künstlerische Werk des berühmten Allround-Talents vermittelt. Ein zweites von ihm inspiriertes Anwesen ist die Felsburg ❸ Lagomar ➤ S. 66, *die du auf der leicht ansteigenden LZ 10 erreichst. 2 km weiter und du bist in* ❹ Teguise ➤ S. 60, das sich mit seinen kopfsteingepflasterten Gassen und Plätzen für eine ausgiebige Erkundung anbietet. Konditionsbolzen radeln hinauf zum Castillo Santa Bárbara ➤ S. 62 (150 Höhenmeter extra!), das mit einem Piratenmuseum aufwartet.

## PANORAMABLICK UND ZIEGENSTÄLLE

*Verlässt du Teguise nordwärts auf der Nebenstraße, kommt schon bald die Sandebene* ❺ El Jable in den Blick – ein phantastisches Panorama bis hin zur Fama-

ra-Bucht und den darüber thronenden Klippen. An der **Urbanización Famara** *stößt du auf die Küste:* Die sichelförmigen, zum Meer ausgerichteteten Bungalows, die in den 1970er-Jahren von Norwegern erbaut wurden, heißen salopp „Ziegenställe".

## WELLENREITERSTRAND

Jenseits von ihnen beginnt die **6 Playa de Famara** ➤ S. 66, aufgrund ihrer Wildheit und der Lage am Fuß hoher Klippen einer der schönsten Strände der Kanaren! Wellenreiter werfen sich in die hohe Dünung – wenn du es ihnen nachtun willst, vergiss bitte nicht, dass hier eine gefährliche Unterströmung herrscht! Am besten, du erfrischst dich lieber dicht am Ufer … *Der Strand zieht sich 4 km bis zum zugehörigen Fischerort* **7 La Caleta de Famara**, der mit seinen sandverwehten Pisten noch immer ziemlich urig wirkt.

**6 Playa de Famara**
3 km 12 min

**7 La Caleta de Famara**
6 km 25 min

## RESTAURANT-PAUSE

*Nach einer Stärkung geht es leicht ansteigend ins verschlafene* **8 Sóo**. *Dann senkt sich die Straße hinab nach* **9 Caleta de Caballo**, das mit seinen improvisierten Wochenendhütten am Meer so gar nicht zu Lanzarotes

**8 Sóo**
3 km 11 min

**9 Caleta de Caballo**
2 km 17 min

⑩ La Santa
300 m 1 min

⑪ Amendôa
11 km 48 min

⑫ Museo Agrícola El Patio
20 km 104 min

① Costa Teguise

Edel-Styling passen will. *Und schon passierst du das an einer flachen Lagune gelegene Mega-Sporthotel* La Santa ➤ S. 83. Im Winter beziehen hier viele Rennradfahrer Quartier. Auf sie haben sich die Terrassenlokale des Orts ⑩ La Santa eingestellt, bieten frisch gepresste Säfte und Snacks. Besonders gut, wenn auch einen Tick teurer, isst du bei Lucy im Restaurant ⑪ Amendôa *(Mo nur abends | Av. el Marinero 20 | Tel. 928 83 82 52 | €€)* – kanarisch-südamerikanisch-europäisch originell fusioniert.

INSIDER-TIPP
Geglückter Mix

**AUSFLUG IN DIE VERGANGENHEIT**

*In Tinajo schwenkst du in die LZ 20 nach Tiagua ein,* wo das ⑫ Museo Agrícola El Patio ➤ S. 81 in die Vergangenheit führt. *Anschließend folgst du der LZ 20 ein kurzes Stück, um in eine Piste einzubiegen, die dich am Rand von El Jable nach Teguise und auf bekannter Strecke über Tahiche nach* ① Costa Teguise zurückbringt.

# ③ WANDERUNG IM LAVAMEER

- Aufgerissene und zerbrochene Lava
- Perfektes Rund, großer Schlund
- Einmal um den „weißen Krater"

| | |
|---|---|
| Start: LZ 67 km 8 | Ziel: LZ 67 km 8 |
| 8 km | 1 Tag, reine Gehzeit 4 Stunden |
| mittel | 300 m |

Achtung: Der Weg ist durch Steinmännchen bzw. gelbe Zeichen markiert, zwischen Punkt 5 und 6 ist Orientierungssinn gefragt! Der Aufstieg ist zum Teil steil und erfordert gute Kondition. Du bist auf der Wanderung auf dich allein gestellt.

### DEM ROTEN PFEIL NACH

In Mancha Blanca ➤ S. 82 *folgst du der Straße Richtung* Yaiza. In Höhe von **❶ Km 8 an der LZ 67** startet eine Lavapiste – eine Tafel zeigt den Beginn des Wanderwegs. 700 m weiter – am Ende der Piste, an drei großen Lavabrocken – stellst du den Wagen ab, *hier beginnt der Wanderweg* **❷ PR-LZ-19**. Schräg rechts voraus – durch einen roten Pfeil und ein Steinmännchen markiert – ist der weitere Verlauf des Wegs erkennbar. Etwa 40 Minuten folgt er einem schwarzen Lavastrom. *Nach ca. zwei Dritteln dieser Teilstrecke* liegt rechts eine schwer zu findende, aber sehr schöne **❸ Höhle** mit besonders langen Lavastalaktiten.

**❶ Km 8 an der LZ 67**
700 m 3 min
**❷ PR-LZ-19**
1,5 km 25 min
**❸ Höhle**
1 km 39 min

### DURCH LAVAFELDER ZUM VULKAN

Der optische Orientierungspunkt des ersten Abschnitts ist der rote Vulkankegel. *An seinem Fuß und entlang einer Mauer geht es knapp zehn Minuten lang nach rechts und dann noch einmal für die Dauer von zehn Minuten durch ein Lavafeld,* dabei hast du die helle Kraterwand deines Ziels stets im Blick. Am Fuß der **❹ Caldera Blanca** angelangt, *steigst du zunächst links hoch,* immer an der Grenze zwischen weißem Fels und dunkler Lava entlang (ca. zehn Minuten). Dann geht es noch einmal knapp zehn Minuten *rechts den Vulkan bergauf,* immer an der zuvor schon erkennbaren Rinne entlang. Der Feuerberg ist aus festem, hellem Fels und von grauweißen Flechten überzogen. Am **❺ unteren Kraterrand** angelangt, darfst du dich nicht täuschen lassen. *Der Aufstieg mit seiner gleichmäßigen Steigung über das linke Halbrund* beträgt weitere 200 Höhenmeter und dauert mindestens noch 40 Minuten. Am **❻ oberen Kraterrand**, auf 458 m, angekommen, wartet an klaren Tagen eine überwältigende Aussicht. *Dann führt der Abstieg rechtsherum über die steilere Kraterflanke* und denselben Weg in entgegengesetzter Richtung zurück zum Auto und dann zum Ausgangspunkt am **❶ Km 8 an der LZ 67**.

**❹ Caldera Blanca**
1 km 39 min
**❺ unterer Kraterrand**
1,5 km 43 min
**❻ oberer Kraterrand**
5 km 67 min
**❶ Km 8 an der LZ 67**

# 4 BESUCH BEIM NACHBARN: AUF NACH FUERTEVENTURA!

- Wildwestfeeling in der Wüste
- Verwitterte Vulkane, ländliche Traditionen
- Das Finale: eine tolle Dünenlandschaft

Playa Blanca

Playa Blanca

270 km

1 Tag, reine Fahrzeit: 4 Stunden; 1 Stunde Fähre hin und zurück

Achtung: Personalausweis (auch für Kinder) nicht vergessen!
Am besten mietest du auf Fuerteventura ein Auto, etwa bei Cabrera Medina/Cicar *(Tel. 928822900 | cicar.com)* in Corralejo, evtl. auch vorab von Lanzarote aus (s. S. 118).

1 Playa Blanca
35 km 53 min

2 El Cotillo
15 km 14 min

3 La Oliva
8 km 26 min

### FISCHERORT, KUNST UND OPEN-AIR-MUSEEN

Nimm in 1 Playa Blanca ➤ S. 88 die Fähre nach Corralejo im Norden Fuerteventuras *(zwischen 8 und 19 Uhr stündlich: Naviera Armas (Tel. 902456500 | navieraarmas.com); Fred Olsen (Tel. 902100107 | fredolsen.es); Líneas Romero (Tel. 928842055 | lineasromero.com)*. **Eine halbe Stunde später** siehst du beim Einlaufen in den Hafen von Corralejo flirrende Dünen und attraktive Küstenpromenaden – doch solltest du den Stadtbummel auf den Abend verschieben, um die Zeit vor der Rückfahrt nach Lanzarote je nach Gusto auszufüllen. *Von Corralejo folgst du der Straße FV 101 südwärts durch eine wüste, sonnendurchglühte Landschaft und biegst nach 5 km rechts in die FV 109 Richtung Lajares ein*. Ein erster Halt lohnt in 2 El Cotillo, einem sympathischen Fischerort mit zwei kleinen Häfen und einem alten Kastell. Nächste Station ist das Gemeindestädtchen 3 La Oliva mit einigen Bauten aus dem 18. Jh., allen voran die Mariä-Lichtmess-Kirche und die

einstige Obristenresidenz **Casa de los Coroneles** *(Di–So 10–18 Uhr | Eintritt 3 Euro | C/ Juan Cabrera Méndez)* mit einer um einen Palmenhof angelegten Kunstgalerie. Auch die benachbarte **Casa Mané** *(Mo–Fr 10–17, Sa 10–14 Uhr | Eintritt 4 Euro | C/ Salvador Manrique de Lara)* mit kanarischer Kunst lohnt einen Blick. *Dann geht es weiter südwärts* durch die versteppte Landschaft, aus der markante Vulkankegel aufragen. Vorbei an ❹ **Tindaya**, dem heiligen Berg der Ureinwohner, kommst du nach ❺ **Tefía**, das sich mit seinen restaurierten Bauernhäusern, Mühlen und Getreidespeichern als Open-Air-Museum **Ecomuseo de la Alcogida** *(Di–*

❹ **Tindaya**
9 km 7 min

❺ **Tefía**
17 km 16 min

⑥ Antigua
8 km 8 min

⑦ Mirador Morro Velosa
8 km 9 min

⑧ Betancuria
6 km 16 min

⑨ Vega de Río Palmas
50 km 41 min

⑩ La Pared
11 km 12 min

⑪ Oasis Park
45 km 40 min

*Sa 10–18 Uhr | Eintritt 5 Euro)* präsentiert. Ein zweites Freilichtmuseum, das prachtvoll restaurierte Mühlenanwesen **Molino de Antigua** *(Di–Sa 10–18 Uhr | Eintritt 2 Euro)* mit einem Käsemuseum *(Casa del Queso)*, erwartet dich am Ortseingang von ⑥ **Antigua**.

## DURCHS GEBIRGE ZUM AUSSICHTSPUNKT

Hinter der Gemeinde wird die Landschaft gebirgiger: *Die Straße schraubt sich in vielen Kehren über kahle Kuppen aufwärts* zum spektakulären Aussichtspunkt ⑦ **Mirador Morro Velosa** auf fast 650 m Höhe. *An zwei gigantischen Figuren* – künstlerische Darstellungen der letzten altkanarischen Inselherrscher – *biegst du links ab* und stehst wenig später vor einer Art Gutshaus mit phantastischer *Aussichtsterrasse (Di–So 10–18 Uhr | Eintritt frei)*. Bei klarer Sicht reicht der Blick bis nach Lanzarote, Gran Canaria und Teneriffa!

## STÄDTCHEN, TIERE UND PFLANZEN ODER SALZ?

*Über Haarnadelkurven geht es hinab zur ehemaligen Inselhauptstadt* ⑧ **Betancuria**. Trotz der festungsartigen Kathedrale, einiger prächtiger Herrenhäuser und Klosterruinen strahlt sie den Charme eines verschlafenen Dorfs aus. Wichtigste Sehenswürdigkeit ist die **Casa Santa María** *(Mo–Sa 11–15.30 Uhr | Eintritt 6 Euro | casasantamaria.net)*, ein vorbildlich restauriertes Haus mit Kunsthandwerkstätten, Gartencafé und Restaurant. *Nach Betancuria passierst du* ⑨ **Vega de Río Palmas**, eine Palmenoase mit Wallfahrtskirche. Immer reizvoller wird jetzt die Landschaft: rötliche, von Erosionsrinnen zerfurchte Bergbuckel und einsame Täler, in denen kaum eine Pflanze gedeiht. Wenn du gut in der Zeit bist, kannst du *ab Pájara einen Abstecher zum Küstendorf Ajuy* unternehmen *(zusätzlich hin und zurück 20 km)*, wo weiß verwitterte Kalksteinwände am schwarzen Lavastrand emporragen. *Ansonsten geht es gleich weiter durch eine schier endlose Abfolge von Tälern und Höhen nach* ⑩ **La Pared**, wo du über eine 5 km schmale, von weißem Sand verwehte Landenge auf die Inselostseite gelangst. *Nun musst du nordwärts,* um rechtzeitig die letzte Fähre nach Lanzarote zu erreichen. Stopps lohnen am Tier- und Pflanzenpark ⑪ **Oa-**

sis Park *(tgl. 9–18 Uhr | Eintritt 33 Euro | Ctra. FV-2, Km 57,6 | fuerteventuraoasispark.com)* in La Lajita, an den Salzgärten im ⑫ Museo de la Sal *(Di–Sa 10–18 Uhr | Eintritt 5 Euro)* von Salinas del Carmen und in der Hauptstadt ⑬ Puerto del Rosario mit ihrer schönen Promenade am Meer.

⑫ Museo de la Sal
16 km 17 min
⑬ Puerto del Rosario
35 km 50 min

## ZU GUTER LETZT: SPRUNG INS MEER ODER STADTBUMMEL

*Zuletzt geht es über die FV 1 durch eine große Dünenlandschaft* zurück an den Startpunkt auf Fuerteventura: kilometerweit weißer Sand und kristallklares Meer. Hier kannst du noch einmal ins Wasser springen, oder du bummelst durch die atmosphärische Altstadt von ⑭ Corralejo, bevor deine Fähre nach ① Playa Blanca ➤ S. 88 ablegt.

⑭ Corralejo
18 km 60 min
① Playa Blanca

Versunken in die Arbeit in der Casa Santa Maria Betancuria

# GUT ZU WISSEN

## DIE BASICS FÜR DEINEN URLAUB

## ANKOMMEN

### ANREISE

Lanzarotes Flughafen – natürlich nach dem „Inselheiligen" César Manrique benannt – liegt etwa 10 bis 30 Autominuten von den Ferienzentren Costa Teguise, Puerto del Carmen und Playa Blanca entfernt. Ferienflüge mit Tuifly oder Condor kosten ohne Hotelbuchung hin und zurück 300 bis 500 Euro und werden von Billigfliegern wie Eurowings und Ryanair zu bestimmten Terminen noch unterboten. Die Flugzeit, z. B. von Frankfurt/Main, Berlin, Köln/Bonn, Düsseldorf, München, Stuttgart beträgt nur vier bis viereinhalb Stunden. Auch Condor bietet Direktflüge an.

Linienflüge (etwa mit Iberia) sind in der Regel teuer und vor allem wesentlich umständlicher, da sie stets mit einer Zwischenlandung verbunden sind.

INSIDER-TIPP **Schiff, ahoi!**

Wer nicht fliegen kann oder will, nimmt vom südspanischen Cádiz die einmal wöchentlich startende Autofähre der Compañía Acciona-Trasmediterránea *(trasmediterranea.es)* und erreicht in 30 bis 35 Stunden Lanzarotes Hauptstadt Arrecife. Die einfache Strecke mit Pkw kostet ca. 380 Euro.

**– 1 Stunde Zeitverschiebung**

Auf den Kanaren gilt: Eine Stunde weniger als auf dem europäischen Festland. Bei der Ankunft musst du deine Uhr um eine Stunde zurückstellen.

### EINREISEBESTIMMUNGEN

Für die Einreise benötigst du einen gültigen Personalausweis bzw. einen

Sommer, Sonne, ein rotes Cabrio und das exotische Tal von Haría – was will man mehr?

Reisepass, der noch sechs Monate gültig ist. Für Kinder bis 12 Jahren genügt ein maschinenlesbarer Kinderpass.

# WEITERKOMMEN

## MIT DEM BUS

Zu Stoßzeiten gibt es vom Flughafen alle 30 Minuten eine direkte Busverbindung nach Arrecife (Linie 22/23), etwa stündlich nach Puerto del Carmen und Playa Blanca (Linie 161/261). Der zentrale Busbahnhof Estación de Guaguas ist in Arrecife *(Vía Medular | beim Stadion | Tel. 928 81 15 22 | arrecifebus.com)*. Von dort fahren Linienbusse *(guaguas)* zu allen größeren Dörfern, oft aber nur ein- bis zweimal täglich. Als wichtigste Ferienzentren werden Puerto del Carmen (Linie 2) und Costa Teguise (Linie 1) Mo–Fr alle 20 Minuten, Sa/So alle 30 Minuten angesteuert, Playa Blanca (Linie 6 und 60) Mo–Fr etwa jede Stunde, Sa/So sechs- bis achtmal pro Tag.

Ein kleines, aber bedeutend zentraleres Busterminal *(Intercambiador)* befindet sich am Westende der Playa del Reducto in Arrecife. Von hier fahren Busse nach Puerto del Carmen, Playa Blanca und zum Flughafen. Wer vorhat, viele Strecken mit dem Bus zu fahren, kauft sich hier am besten eine aufladbare *tarjeta sin contacto (Bono Bus Lanzarote)*, mit der sich die Fahrten um 10 Prozent und mehr verbilligen; die Touristeninfo (z. B. am Flughafen) teilt dir die Verkaufsstellen mit.

## MIT DEM TAXI

Ein Taxi kostet vom Flughafen nach Puerto del Carmen ca. 22 Euro, nach Costa Teguise um 28 Euro und nach

Playa Blanca etwa 50 Euro. Taxis sind lizenziert und mit Taxameter ausgestattet. Dieses sollte vor jeder Fahrt eingeschaltet werden. Die Grundgebühr betrug bei Redaktionsschluss zwischen 2,30 und 3 Euro (abhängig davon, ob im Ort oder auf dem Land), 1 km kostet etwa 1 Euro, Zuschläge für Nachtfahrten sowie Start/Ende an Fähr- und Flughäfen. Bei Inselrundfahrten: Preis vorher vereinbaren!

### MIT DEM MIETWAGEN

Am Flughafen (und in allen Ferienorten) sind viele Mietwagenfirmen vertreten. Der günstigste lokale Anbieter ist *Cabrera Medina (Tel. 928822900 | cabreramedina.com)*, er hat auch das dichteste Filialnetz und gut gewartete Autos – sollte ein Schaden eintreten, wird dir umgehend ein neuer Wagen gestellt. Da die Firma auch auf Fuerteventura vertreten ist, kann man einen Wagen für einen Ausflug auf die Nachbarinsel (ab Fährhafen Puerto del Rosario) gleich mitbestellen. So spart man die hohen Kosten, die bei einer Überfahrt mit PKW anfallen. Wer per Internet bucht, bekommt einen Kleinwagen (z. B. Opel Corsa 3P) für oft weniger als 100 Euro pro Woche.

## IM URLAUB

### AUSKUNFT

Broschüren, Stadtpläne und Hinweise erhält man in den Infostellen von Arrecife, Puerto del Carmen, Playa Blanca, Costa Teguise und Teguise sowie am Flughafen. Die Website *turismolanzarote.com* informiert über Natur und Kultur, Strände, Sport und lokale Feste.

### FEIERTAGE

| | |
|---|---|
| **1. Jan.** | *Año Nuevo* (Neujahr) |
| **6. Jan.** | *Los Reyes* |
| **März/Apr.** | *Viernes Santo* |
| **1. Mai** | *Día del Trabajo* |
| **30. Mai** | *Día de las Islas Canarias* |
| **Mai/Juni** | *Corpus Christi* |
| **25. Juli** | *Santiago Apóstol* |
| **15. Aug.** | *Asunción* |
| **12. Okt.** | Tag der Entdeckung Amerikas |
| **1. Nov.** | *Todos los Santos* |
| **6. Dez.** | Tag der Verfassung |
| **8. Dez.** | *Inmaculada Concepción* |
| **25. Dez.** | *Navidad* |

### GELD

Spanien ist Euro-Land. An Geldautomaten kannst du mit Bank- oder Kreditkarte problemlos Bargeld ziehen. Allerdings ist besonders beim Einsatz der Kreditkarte oft eine happige Gebühr fällig! Tipp: Einige deutsche Banken haben Filialen auf Lanzarote oder kooperieren mit lokalen Geldhäusern. Dort bezahlst du für Abhebungen keine Gebühr. Erkundige dich danach am besten vor Antritt der Reise. In fast allen Hotels, Geschäften, Restaurants und Tankstellen werden Kreditkarten akzeptiert. Allgemeiner Sperrnotruf für Bank- und Kreditkarten: *Tel. 0049116116. Banköffnungszeiten: Mo–Fr 8.30–14, Sa 8.30–13 Uhr.*

### POST

Briefmarken *(sellos)* bekommst du außer bei der Post *(correos)* auch in

# FESTE & EVENTS
## RUND UMS JAHR

### JANUAR
**Los Reyes Magos** (Arrecife u. a.): Am 6. Januar reiten die Heiligen Drei Könige auf Dromedaren, Kindern erhalten ihre Weihnachtsgeschenke.

### FEBRUAR/MÄRZ
**Carnaval** (überall): Von Ende Januar bis Anfang März. Fast jeder Ort hat seine eigenen Termine für Karnevalsfeste und -umzüge. Die besten in Puerto del Carmen, Haría und Arrecife.

### MÄRZ/APRIL
**Semana Santa** (Arrecife): Prächtige Osterprozessionen in der Karwoche

### MAI
**Ironman Lanzarote** (Foto; meistens Arrecife): *ironmanlanzarote.com*

### 24. JUNI
**Fiesta de San Juan** (Haría): Ernte- und Sonnenwendfest. Nachts zuvor: Lagerfeuer und Verbrennen von Strohpuppen

### JULI
**Weinfeste** in Masdache und anderen Orten des Weinbaugebiets La Geria

**Fiesta de San Marcial del Rubicón** (7. Juli in Femés): Eine Woche lang Prozessionen für den Insel-Schutzpatron

**Fiesta de Nuestra Señora del Carmen** (Playa Blanca, Puerto del Carmen, Insel La Graciosa): Am 16. Juli wird die Schutzheilige der Fischer mit Prozessionen geehrt.

### SEPTEMBER
**Fiesta de la Virgen de los Remedios** (Yaiza): Am 8. September Prozessionen zu Ehren der Schutzheiligen

**Virgen de los Dolores** (Mancha Blanca): Fest zu Ehren der *Jungfrau der Schmerzen* am 15. September

### 24. DEZEMBER
**Fiesta de los Ranchos de Pascua** (Teguise): Folklore und Musik ab Mitternacht

**Weihnachtslandschaft** (Yaiza)

den *estancos*, den Tabakgeschäften. Das Porto für einen Brief *(carta)* oder eine Postkarte *(postal)* ins EU-Ausland und die Schweiz betrug bei Redaktionsschluss 1,25 Euro. Achtung: Neben der staatlichen Post gibt es private Postzustelldienste mit eigenen Briefmarken und Postkästen – hier dauert die Zustellung oft länger! Sendungen in den richtigen Kasten werfen, sonst kommt sie nicht an!

## SPRACHE

In den Ferienzentren kommt man auch ohne Spanischkenntnisse zurecht. Wer allerdings in abgelegenen Lokalen etwas bestellen, vielleicht auch mit dem Bus über die Insel fahren möchte, sollte sich spanische Grundkenntnisse aneignen. Der Spickzettel auf S. 124 hilft mit Basics.

### WAS KOSTET WIE VIEL?

| | |
|---|---|
| **Mahlzeit** | ab 8 Euro<br>*für Tagesgericht u. Getränk in schlichtem Einheimischenlokal* |
| **Bier** | ab 2 Euro<br>*im Einheimischenlokal* |
| **Kaffee** | ab 1,50 Euro<br>*für einen cortado* |
| **Strandliege** | 8 Euro<br>*Miete pro Tag* |
| **Wein** | ab 7 Euro<br>*für eine 0,5-l-Karaffe Wein* |
| **Benzin** | 1–1,20 Euro<br>*für 1 l Eurosuper* |
| **Aloe Vera** | um 16 Euro<br>*für 250 ml hundertprozentiges Gel* |

## STRÄNDE

An den Stränden der Ferienorte werden Sonnenschirme und Liegen vermietet, Baywatcher beobachten das Treiben im Wasser, und für Notfälle ist eine Rot-Kreuz-Station eingerichtet. Es gibt Gratis-(Fuß-)Duschen und Toiletten, und nie ist es weit zur nächsten Bar. An den naturbelassenen Stränden jenseits der Resorts sieht es allerdings anders aus – meist gibt es nicht einmal einen Rettungsring.
Denk bitte daran, dass an der Inselwestseite Strömung und Brandung besonders stark sind, weshalb man sich hier mit einem „Fußbad" begnügen sollte! Doch auch an der ruhigeren Ostseite gibt es zuweilen tückische Wellen und unerwartete Unterströmungen – achte auf jeden Fall auf die Beflaggung (s. S. 123). FKK wird an den abgelegeneren Stränden der Playas de Papagayo und im FKK-Resort Charco del Palo praktiziert *(oboena.de)*.

## TELEFONVORWAHLEN

Die Vorwahl für Spanien lautet 0034, dann folgt die neunstellige Rufnummer mit integrierter Ortsvorwahl (928). Vorwahl für Deutschland: 0049; Österreich: 0043; Schweiz: 0041; danach folgt die Vorwahl ohne Null und die Rufnummer.

## TRINKGELD

In Restaurants ist es üblich, 5 bis 10 Prozent der Rechnungssumme als Trinkgeld zu hinterlassen – wenn du mit der Bedienung zufrieden warst.

## UNTERKUNFT

Vom Fünfsternehotel bis zur Pension, vom einfachen Apartment bis zur Luxusvilla bietet Lanzarote eine breite Palette – nicht nur in den Ferienorten, sondern auch im Inselinnern. *Turismo Rural*, „ländlicher Tourismus", wird auf Wochenbasis in historischen, komfortabel ausgestatteten Landhäusern *(casas rurales)* angeboten und ist besonders für Familienurlaub ideal. Für die Mobilität ist dann ein Mietwagen unerlässlich, denn die Busverbindungen in Regionen abseits der Touristenhochburgen sind mangelhaft. Schöne, dabei günstige Unterkünfte in der Palmenoase Haría und in den urigen Küstenorten des Nordens findest du z B. auf *lanzarote-arrieta.de*.

Auch via Airbnb & Co. werden viele Privatquartiere vermittelt, doch diese sind kaum noch günstiger als Hotelzimmer bzw. Apartments. Mittlerweile regt sich auf den Kanaren lautstarker Protest gegen *viviendas vacacionales* (private Ferienwohnungen), weil die meisten Immobilienbesitzer touristisch vermieten und als Folge kaum noch bezahlbarer Wohnraum für die „normale" Bevölkerung vorhanden ist. Prinzipiell gilt: Reserviere rechtzeitig, denn die Kanaren sind – aufgrund von Kriegen und Krisen in Nordafrika und im Nahen Osten – sehr gut gebucht!

Camping ist ebenfalls möglich und sogar gratis, allerdings sind die Plätze in den spanischen Ferien oft voll: Camping de Papagayo *(Playa de Puerto Muelas | Anmeldung obligatorisch: Tel. 928173724 | Juni–Sept. sowie Ostern)*; auf der Insel La Graciosa gibt es südlich von Caleta del Sebo eine Anlage an der Bahía de El Salado mit Duschen und Toiletten. Infos und Reservierung (frühestens zwei Monate vorher) unter *reservasparquesnacionales.es/ Isla de La Graciosa*.

Wie lockt man Eidechsen im Nationalpark? Mit Wasser!

## WLAN

Fast alle Hotels bieten WLAN bzw. Internetzugang über Kabel, doch ist dieser Service oft nicht im Übernachtungspreis inbegriffen. Öffentliche Gratis-Hotspots sind eher rar. Achte auf den Schriftzug „WiFi" in Cafés und Bars: Hier darfst du – sofern du etwas konsumierst – gratis im Internet surfen.

## ZOLL

Schon gewusst? Die Kanaren sind zollrechtlich EU-Ausland!

INSIDER-TIPP
Kurios

## GRÜN & FAIR REISEN

Du willst beim Reisen deine $CO_2$-Bilanz im Hinterkopf behalten? Dann kannst du deine Emissionen kompensieren *(atmosfair.de; myclimate.org)*, deine Route umweltgerecht planen *(routerank.com)* oder auf Natur und Kultur *(gate-tourismus.de)* achten. Mehr über ökologischen Tourismus erfährst du hier: *oete.de* (europaweit); *germanwatch.org* (weltweit).

Bei der Einreise gibt es keine Zollkontrollen. Doch für die Rückreise musst du – egal ob du Deutscher, Österreicher oder Schweizer bist – wegen des steuerlichen Sonderstatus der Inseln dieselben engen Zollfreimengen wie bei der Einreise aus Nicht-EU-Ländern beachten. So darfst du beispielsweise nur 200 Zigaretten oder 50 Zigarren oder 250 g Tabak zollfrei mitnehmen. Zollfrei dürfen nur Waren bis zu einem Wert von 430 Euro ausgeführt werden, für Jugendliche unter 15 Jahren gilt das nur bis zu einem Wert von 175 Euro. Bei Alkohol sind 1 l Spirituosen und 2 l Wein erlaubt, alles was darüber liegt, ist zollpflichtig.

# NOTFÄLLE

### DIPLOMATISCHE VERTRETUNGEN

Personalausweis gestohlen? Notgeld nötig? Dann bekommst du Hilfe vom nächsten Konsulat bzw. von der Botschaft:

### DEUTSCHES HONORARKONSULAT (AUF LANZAROTE)

*Av. El Varadero 30 | Playa Blanca | Tel. 928519231 | spanien.diplo.de*

### ÖSTERREICHISCHES KONSULAT (AUF GRAN CANARIA)

*Av. de Italia 6 | Hotel Escorial | Playa del Inglés | Tel. 928761350 | bmeia.gv.at/botschaftenkonsulate*

### SCHWEIZER BOTSCHAFT (IN MADRID)

*C/ Núñez de Balboa 35a | Madrid | Tel. 914363960 | eda.admin.ch/madrid*

### GESUNDHEIT

Oft wird die körperliche Belastung durch die Klimaumstellung unterschätzt, besonders im Sommer. Das Leitungswasser ist nicht trinkbar und sollte nur zum Waschen und Zähneputzen verwendet werden. Mineralwasser in 5- bis-8-Liter-Plastikflaschen gibt es in allen Supermärkten.

Wer die Europäische Krankenversicherungskarte im Urlaub dabei hat, wird von Ärzten, die der staatlichen *Seguridad Social* angeschlossen sind, gratis behandelt. Anderenfalls solltest du eine detaillierte Rechnung *(factura)* verlangen, um dir zu Hause die Auslagen mindestens teilweise erstatten zu lassen. Ärzte auf Lanzarote findest du im Internet auf der Website *arzt-lanzarote.de*.

Apotheken *(farmacias)* sind am grünen Malteserkreuz erkennbar. *Öffnungszeiten: Mo–Fr 9–13.30 und 16–20.30, Sa 9–13 Uhr.* Das Schild *„Farmacia de Guardia"* weist auf die Notdienstapotheke hin.

### NOTFALLNUMMERN

Die Telefonnummer 112 gilt für Notfälle aller Art (Polizei, Feuer, Krankenwagen, Unfall). Die Ansprechpartner verstehen in der Regel Deutsch.

# WICHTIGE HINWEISE

### PFLANZEN STEHEN LASSEN!

Kanarische Pflanzen wie Wolfsmild, Dornlattich und Seidiger Goldstern stehen unter besonderem Schutz, ihre Ausfuhr ist nicht ohne Weiteres erlaubt (Zoll!). Kauf dir stattdessen im Blumenladen *(jardinería)* ein Tütchen Samen – das lässt sich auch leichter transportieren!

### BADEREGELN BEACHTEN!

Dutzende von Menschen ertrinken Jahr für Jahr an den Küsten der Kanaren. Oft ist Leichtsinn der Grund: Die Stärke von Brandung und Strömung wird unter-, die eigene Kraft überschätzt. Auch ein Meer, das an der Oberfläche ruhig erscheint, kann gefährliche Unterströmung bergen. Richte dich unbedingt an die Flaggen am Strand: Wird die rote Fahne gehisst, geh auf keinen Fall ins Wasser, bei Gelb ist Vorsicht angesagt, bei Grün kannst du dich in die Fluten stürzen – wobei du trotzdem nicht zu weit hinausschwimmen solltest. Werden (gefährliche) Quallen angespült, wird eine weiße Fahne mit Quallenschirm gehisst. Übrigens: Wer bei roter Flagge badet und eine Rettungsaktion provoziert, muss diese selbst zahlen!

## WETTER IN ARRECIFE

Hauptsaison
Nebensaison

| | JAN. | FEB. | MÄRZ | APRIL | MAI | JUNI | JULI | AUG. | SEPT. | OKT. | NOV. | DEZ. |
|---|---|---|---|---|---|---|---|---|---|---|---|---|
| Tagestemperaturen | 21° | 22° | 23° | 23° | 23° | 25° | 28° | 29° | 29° | 27° | 25° | 20° |
| Nachttemperaturen | 13° | 13° | 14° | 14° | 15° | 16° | 18° | 18° | 18° | 19° | 16° | 14° |
| Sonnenschein Stunden/Tag | 6 | 7 | 8 | 9 | 9 | 9 | 9 | 9 | 7 | 7 | 6 | 6 |
| Niederschlag Tage/Monat | 3 | 2 | 2 | 1 | 0 | 0 | 0 | 0 | 1 | 1 | 4 | 5 |
| Wassertemperatur in °C | 18 | 18 | 17 | 17 | 18 | 20 | 20 | 21 | 22 | 22 | 20 | 19 |

Sonnenschein Stunden/Tag · Niederschlag Tage/Monat · Wassertemperatur in °C

# SPICKZETTEL SPANISCH

## SMALLTALK

| | |
|---|---|
| ja/nein/vielleicht | **sí/no/quizás** |
| bitte/danke | **por favor/gracias** |
| Hallo!/Auf Wiedersehen!/Tschüss! | **¡Hola!/¡Adiós!/¡Hasta luego!** |
| Gute(n) Tag!/Abend!/Nacht! | **¡Buenos días!/¡Buenas tardes!/¡Buenas noches!** |
| Entschuldige!/Entschuldigen Sie! | **¡Perdona!/¡Perdone!** |
| Darf ich …? | **¿Puedo …?** |
| Wie bitte? | **¿Cómo dice?** |
| Ich heiße … | **Me llamo …** |
| Wie heißen Sie?/ Wie heißt du? | **¿Cómo se llama usted?/ ¿Cómo te llamas?** |
| Ich komme aus … Deutschland/ Österreich/Schweiz | **Soy de … Alemania/Austria/ Suiza** |
| Das gefällt mir (nicht). | **Esto (no) me gusta.** |
| Ich möchte …/Haben Sie …? | **Querría …/¿Tiene usted …?** |

## ZEIGEBILDER

# ESSEN & TRINKEN

| | |
|---|---|
| Die Speisekarte, bitte! | ¡El menú, por favor! |
| teuer/billig/Preis | caro/barato/precio |
| Könnten Sie mir bitte … bringen? | ¿Podría traerme ... por favor? |
| Flasche/Karaffe/Glas | botella/jarra/vaso |
| Messer/Gabel/Löffel | cuchillo/tenedor/cuchara |
| Salz/Pfeffer/Zucker | sal/pimienta/azúcar |
| Essig/Öl/Milch/Zitrone | vinagre/aceite/leche/limón |
| kalt/versalzen/nicht gar | frío/demasiado salado/sin hacer |
| mit/ohne Eis/Kohlensäure | con/sin hielo/gas |
| Vegetarier/Vegetarierin/Allergie | vegetariano/vegetariana/alergía |
| Ich möchte zahlen, bitte. | Querría pagar, por favor. |
| Rechnung/Quittung/Trinkgeld | cuenta/recibo/propina |

# NÜTZLICHES

| | |
|---|---|
| Wo ist …? /Wo sind …? | ¿Dónde está ...? /¿Dónde están ...? |
| Wie viel Uhr ist es? | ¿Qué hora es? |
| heute/morgen/gestern | hoy/mañana/ayer |
| Wie viel kostet …? | ¿Cuánto cuesta ...? |
| Wo finde ich einen Internetzugang/ WLAN? | ¿Dónde encuentro un acceso a internet/wifi? |
| Hilfe!/Achtung!/Vorsicht! | ¡Socorro!/¡Atención!/¡Cuidado! |
| Apotheke/Drogerie | farmacia/droguería |
| kaputt/funktioniert nicht | roto/no funciona |
| Panne/Werkstatt | avería/taller |
| Darf ich hier fotografieren? | ¿Podría fotografiar aquí? |
| offen/geschlossen/Öffnungszeiten | abierto/cerrado/horario |
| Eingang/Ausgang | entrada/salida |
| Toiletten (Damen/Herren) | aseos (señoras/caballeros) |
| (kein) Trinkwasser | agua (no) potable |
| Frühstück/Halbpension/Vollpension | desayuno/media pensión/pensión completa |
| Parkplatz/Parkhaus | parking/garaje |
| Ich möchte … mieten. | Querría alquilar ... |
| ein Auto/ein Fahrrad/ein Boot | un coche/una bicicleta/un barco |
| 0/1/2/3/4/5/6/7/8/9/10/100/1000 | cero/un, uno, una/dos/tres/ cuatro/cinco/seis/siete/ocho/ nueve/diez/cien, ciento/mil |

# URLAUBS FEELING

## ZUM EINSTIMMEN & AUSKLINGEN

## LESESTOFF & FILMFUTTER

### MARARÍA

*Der* Kanarenroman aus den 1970ern von Rafael Arozarena erzählt von einer Frau aus dem Bergdorf Femés, die verführerisch wie keine ist – bis sie eine verhängnisvolle Liaison eingeht. Jahrzehnte später kommt ein Fremder ins Dorf und erfährt die tragische Geschichte der schönen Mararía. (2009)

### EINE MILLION JAHRE VOR UNSERER ZEIT

Dank Raquel Welch ist der Streifen Kult: Im Fellbikini hüpft die Schauspielerin fotogen durch die Feuerberge. (1966)

### NULLZEIT

Eine Tauchbasis auf Lanzarote ist Schauplatz dieses Psychothrillers, in dem Juli Zeh eine mörderische Dreiecksbeziehung ausleuchtet. Ein Roman zum Abtauchen: Die Unterwasserszenen sind wunderbar beschrieben! (2012)

### ZERRISSENE UMARMUNGEN

Der Film von Spaniens Star-Regisseur Pedro Almodóvar erzählt von Macht und Leidenschaft – dies alles vor dem Hintergrund dramatischer Insellandschaften und mit Penelope Cruz in der Hauptrolle. (2009)

# PLAYLIST QUERBEET

0:58

**PEDRO GUERRA – MARARÍA**
Der kanarische Singer-Songwriter erinnert an die Kultfigur.

**ROSANA – LUNAS ROTAS**
Die von Lanzarote stammende Pop-Sängerin verkauft Platten in Millionenhöhe. Hör dich rein …

**BENITO CABRERA – NUBE DE HIELO**
Der Timple-Spieler entlockt dem kleinen Saiteninstrument Töne zwischen zart und wild.

**ILDEFONSO AGUILAR – EROSIÓN**
Der Künstler malt dunkle Vulkanbilder, der Musiker erschafft schwebende Sphärenklänge.

**LOS GOFIONES – SEGUIDILLAS DE LANZAROTE**
Traditionelle kanarische Musik – fetzig-frech, von der bekanntesten Folkgruppe der Kanaren.

Den Soundtrack zum Urlaub gibt's auf **Spotify** unter **MARCO POLO Canaries**

Oder Code mit Spotify-App scannen

# AB INS NETZ

**INSELMAGAGZIN 37 GRAD**
Das informative, unterhaltsame Magazin berichtet über Trends und Traditionen auf der Insel. *(inselmagazin 37.de)*

**MEMORIA DE LANZAROTE**
Nennt sich das „digitale Gedächtnis" der Insel und hält deren Vergangenheit in Text, Ton und Videos fest (auf Spanisch). Die vielen historischen Bilder begeistern! *(memoriadelanzarote.com)*

**MASSCULTURA**
Aktuelle Kulturevents auf der Insel in Sachen Literatur, Musik und Kunst. Auch wer kein Spanisch beherrscht, findet sich zurecht. *(masscultura.com)*

**DANI STEIN – FOTO-BLOG**
Der Fotograf lebt auf Lanzarote und porträtiert die Insel in phantastischen Bildern – ideal zur Einstimmung auf den Urlaubstrip. *(danistein.com)*

**SAVE LA GERIA**
Die kostenlose App des Wine-Run-Events stellt neben dem Event zugleich Wander- und Radtouren sowie Kellereien in Lanzarotes spektakulärer Weinregion vor.

# TRAVEL PURSUIT

## DAS MARCO POLO URLAUBSQUIZ

**Weißt du, wie Lanzarote tickt? Teste hier dein Wissen über die kleinen Geheimnisse und Eigenheiten von Land und Leuten. Die Lösungen findest du in der Fußzeile. Und ganz ausführlich auf den S. 17–23.**

**❶ Warum heißen die Inselbewohner „die von der Karnickelinsel" (Los Conejeros)?**

**a)** Weil Tierfelle en vogue sind
**b)** Weil es so viele Kaninchen auf der Insel gibt
**c)** Weil die einstigen Inselbesitzer gern jagten

**❷ Was kostet ein Dromedar?**

**a)** 300 Euro
**b)** Zwischen 3000 und 5000 Euro
**c)** Gar nichts

**❸ Lippenstift und Campari-Rot – woher kommt die Farbe?**

**a)** Aus Pflanzen
**b)** Aus zerquetschten Läusen
**c)** Aus einer einheimischen Flechtenart

**❹ Woher stammt der kanarische Ringkampf (lucha canaria)?**

**a)** Von portugiesischen Einwanderern
**b)** Von Rückkehrern aus Amerika
**c)** Von den Ureinwohnern

**❺ Wer war César Manrique?**

**a)** Ein Künstler und Landschaftsgestalter
**b)** Ein wichtiger Inselpolitiker
**c)** Ein inselbekannter Dandy

Lösungen: 1c, 2b, 3b, 4c, 5a, 6b, 7c, 8b, 9a , 10c, 11b, 12c

Weinbau bizarr à la Lanzarote: zwischen Reben von La Geria

**❻ Woher kommt das (Süß-)Wasser auf die Wüsteninsel?**

**a)** Es wird im Schiff herangekarrt
**b)** Es wird aus Meerwasser gewonnen
**c)** Es wird aus Regenwasser gewonnen

**❼ Welche Traube erzielt auf Lanzarote einen guten Geschmack?**

**a)** Riesling
**b)** Pinot Grigio
**c)** Malvasier

**❽ Worum handelt es sich beim „Paar von Mojón"**

**a)** Um Lanzarote-Promis
**b)** Um ein Brautgeschenk
**c)** Um eine einheimische Hunderasse (Männchen und Weibchen)

**❾ Wer oder was ist Olivin?**

**a)** Ein vulkanischer Halbedelstein
**b)** Eine einheimische Sorte Olivenöl
**c)** Ein angesagter Lanzarote-Rapper

**❿ Wie groß ist die mit jungen Vulkanen bedeckte Inselfläche?**

**a)** Zwischen 1 und 10 km²
**b)** Zwischen 10 und 150 km²
**c)** Mehr als 170 km²

**⓫ Wann gab es den letzten Vulkanausbruch auf Lanzarote?**

**a)** 1966
**b)** 1824
**c)** 3000 v. Chr.

**⓬ Welcher Nobelpreisträger wählte Lanzarote als Domizil?**

**a)** Günter Grass
**b)** Albert Einstein
**c)** José A. Saramago

## REGISTER

## LOB ODER KRITIK? WIR FREUEN UNS AUF DEINE NACHRICHT!

Trotz gründlicher Recherche schleichen sich manchmal Fehler ein. Wir hoffen, du hast Verständnis, dass der Verlag dafür keine Haftung übernehmen kann.

**MARCO POLO Redaktion • MAIRDUMONT • Postfach 31 51**
**73751 Ostfildern • info@marcopolo.de**

**Impressum**
Titelbild: Jardin de Cactus created by César Manrique, Guatiza (huber-images: M. Ripani)
Fotos: I. Gawin (131); Getty Images/AFP: D. Martin (20, 119); huber-images: S. Lubenow (99, 106/107), U. Mellone (Klappe vorne außen), Ripani (6/7), R. Schmid (43, 45, 88); laif: M. Amme (10, 26/27, 46/47), H. Eid (28), P. Frilet (100), G. Haenel (52, 121), J. Modrow (91), Tophoven (79); laif/hemis.fr: M. Dozier (82), L. Montico (34/35, 55); laif/robertharding: S. Black (56), J. Miller (75); Look: F. M. Frei (23); Look/age fotostock (2/3, 128/129); mauritius images: K.-G. Dumrath (14/15), M. Lange (38/39, 81), O. Stadler (64), M. Zurek (84/85); mauritius images/age (60/61); mauritius images/age fotostock: J.D. Dallet (Klappe vorne innen/1), N. Tondini (27); mauritius images/age fotostock/MAY FOTO (59); mauritius images/Alamy (116/117), H. Corneli (30/31, 76), P. Forsberg (97), A. Hartley (24/25), U. Kraft (126/127), J. Kruse (48/49), S. Meijer (9); mauritius images/a-plus image bank/Alamy (31); mauritius images/ib/White Star: M. Gumm (63); mauritius images/imagebroker: H. Corneli (92), H. Laub (32/33), M. Siepmann (68/69); mauritius images/imagebroker/White Star: M. Gumm (8); mauritius images/Islandstock/Alamy (19); mauritius images/Masterfile: F. Lukasseck (12/13); mauritius images/Prisma: R. van der Meer (67); mauritius images/Robert Harding (94); mauritius images/Spain/Alamy: S. Barnes (11); picture alliance/DUMONT Bildarchiv: S. Lubenow (102/103, 115); White Star: Schiefer (70/71)

**20. Auflage 2020, komplett überarbeitet und neu gestaltet**

Autoren: Izabella Gawin, Sven Weniger
Redaktion: Petra Klose
Bildreaktion: Stefanie Wiese
Kartografie: © MAIRDUMONT, Ostfildern (S. 36–37, 104, 109, 111, 113, Umschlag außen, Faltkarte); © MAIRDUMONT, Ostfildern, unter Verwendung von Kartendaten von OpenStreetMap, Lizenz CC-BY-SA 2.0 (S. 40–41, 50–51, 72–73, 74, 86–87)
Als touristischer Verlag stellen wir bei den Karten nur den De-facto-Stand dar. Dieser kann von der völkerrechtlichen Lage abweichen und ist völlig wertungsfrei.
Gestaltung Cover, Umschlag und Faltkartencover: bilekjaeger_Kreativagentur mit Zukunftswerkstatt, Stuttgart; Gestaltung Innenlayout: Langenstein Communication GmbH, Ludwigsburg; Spickzettel: in Zusammenarbeit mit PONS GmbH, Stuttgart; Texte hintere Umschlagklappe: Lucia Rojas; Konzept Coverlines: Jutta Metzler, bessere-texte.de

MIX
Paper from responsible sources
FSC® C124385
FSC www.fsc.org

Printed in China

MARCO POLO AUTORIN
**IZABELLA GAWIN**
„Sie ist eine halbe Kanarierin", sagen ihre Freunde vom Archipel. „Und sie kennt unsere Inseln weitaus besser als wir!" Eigentlich wollte Izabella Gawin dort nur einen Winter verbringen, doch dann wurde daraus eine Liebe fürs Leben. Zu den Kanaren schrieb sie ihre Doktorarbeit und zahlreiche Reise- und Wanderbücher. Auf der ITB wurde sie mit dem „Autorenpreis" ausgezeichnet.

# BLOSS NICHT!

## FETTNÄPFCHEN UND REINFÄLLE VERMEIDEN

### MIT BADELATSCHEN INS KONZERT

Spanier lassen sich am Strand gern in Shorts, T-Shirt und Flip-Flops sehen. Ins Restaurant aber geht man besser gekleidet – auf keinen Fall mit nacktem Oberkörper! Das gilt erst recht für Museen, Theater und Konzerte.

### WERTSACHEN LIEGENLASSEN

Häufig werden Mietwagen aufgebrochen und Wertsachen am Strand oder im Hotel gestohlen. Lass daher nichts unbeaufsichtigt: weder am Strand, noch im Auto (auch nicht im Kofferraum).

### IM SOMMEROUTFIT INS GEBIRGE

Als Faustregel gilt: Je 100 Höhenmeter wird es um die 1 Grad kühler. Wenn du also die sonnige Küste bei 23 Grad verlässt und auf dem knapp 700 m hohen Peñas del Chache aus dem Auto steigst, kann es dort oben relativ kühle 16 Grad sein. Dazu kommt der hier oft starke Wind, der dich noch mehr frieren lässt.

### BROT ESSEN OHNE ZU FRAGEN

Brot gehört in Spanien selbstverständlich zum Essen. Früher war das umsonst, heute wird es kommentarlos auch ohne Bestellung serviert – und später dafür kassiert. Frag besser nach, ob das Brot *a cuenta casa* (aufs Haus) ist.

### TOILETTENPAPAIER IN DIE KLOSCHÜSSEL WERFEN

In vielen stillen Örtchen heißt es: „Kein Papier in die Toilette werfen". Die Rohre in älteren kanarischen Häusern sind so eng, dass sie leicht verstopfen. Also: Benutztes Klopapier in den Eimer werfen – Binden und Tampons sowieso!